历史的丰碑

丛书

政治家卷

英国资产阶级革命领袖
克伦威尔

董小川 编著

吉林人民出版社

图书在版编目（CIP）数据

英国资产阶级革命领袖——克伦威尔／董小川编著
. -- 长春：吉林人民出版社，2011.4（2025.4 重印）
（历史的丰碑丛书）
ISBN 978-7-206-07583-4

Ⅰ.①英… Ⅱ.①董… Ⅲ.①克伦威尔，O.（1599～
1658）—生平事迹—青年读物②克伦威尔，
O.（1599～1658）—生平事迹—少年读物 Ⅳ.
① K835.617-49

中国版本图书馆 CIP 数据核字 (2011) 第 039467 号

英国资产阶级革命领袖　克伦威尔
YINGGUO ZICHAN JIEJI GEMING LINGXIU　KELUNWEIER

编　　著：董小川
责任编辑：张　娜　　　　　　封面设计：孙浩瀚
制　　作：吉林人民出版社图文设计印务中心
吉林人民出版社出版 发行（长春市人民大街7548号　邮政编码：130022）
印　　刷：北京一鑫印务有限责任公司
开　　本：787mm×1092mm　1/16
印　　张：8　　　　　　　　　字　数：72千字
标准书号：ISBN 978-7-206-07583-4
版　　次：2011年4月第1版　印　次：2025年4月第3次印刷
定　　价：35.00元

如发现印装质量问题，影响阅读，请与出版社联系调换。

编者的话

"欲知大道，必先为史"。

回溯人类的足迹，人们首先看到的总是那些在其各自背景和时点上标志着社会高度和进步里程的伟大人物。他们是历史的丰碑，是后世之鉴。

黑格尔说："无疑，一个时代的杰出个人是特性，一般说来，就反映了这个时代的总的精神。"普希金说："跟随伟大人物的思想是一门引人入胜的科学。"

以史为鉴，面向未来。作为21世纪的继往开来者，我们觉得，在知史基础上具有宽广的知识结构、开阔的胸襟和敏锐的洞察力应是首要的素质要求，而在历史的大背景中追寻丰碑人物的思想、风范和足迹，应是知史的捷径。

考虑到现代人时间的宝贵，我们期盼以尽量精短的篇幅容纳尽量丰富的信息，展现尽量宏大的历史画卷和历史规律。为此，我们编撰了这套丛书。

编撰丛书的过程，也是纵览历代风云、伴随伟人心路、吸收历史营养的过程。沉心于书页，我们随处感受着各历史时期伟大人物所体现的推动历史进步的人类征服力量。我们随着伟人命运及事业的坎坷与辉煌而悲喜，为他们思想的深邃精湛、行为的大气脱俗而会意感慨、拍案叫绝。

然而，在思想开始远游和精神获得享受的同时，我们也随之感受到历史脚步的沉重和历史过程的曲折。社会每前进一步都是艰难的，都伴随着巨大的痛苦和付出。历史的伟大在于它最终走向进步，最终在血污中诞生了鲜活的"婴孩"。

历史有继承性和局限性，不能凭空创造。伟人也有血肉，他们的思想、行为因此注定了同样具有历史的局限性和阶级的、时代的烙印；他们的功业建立于千千万万广大人民群众伟大创造的基础上。历史是人民群众创造的，伟大的人物们是历史和时代造就的。同时，我们也无法否定此间他们个人的努力。这也正是我们编撰这套丛书的目的。

我们期盼着这套丛书得到社会的认同，对读者，特别是青少年读者之历史感、成就感和使命感的培养有所裨益。史海浩瀚，群星璀璨。我们以对广大青少年读者负责的精神，精心遴选，以助力青少年成长进步，集结出版了《历史的丰碑》系列丛书，敬请读者批评、指正。

历史的丰碑丛书

编 委 会

策　划：胡维革　吴铁光

　　　　林　巍　冯子龙

主　编：胡维革　邢万生

副主编：贾淑文　谷艳秋

编　委：（按姓氏笔画为序）

　　　　于二辉　刘士琳

　　　　刘文辉　孙建军

　　　　李艳萍　吴兰萍

　　　　杨九屹　隋　军

在近代英国史册上，克伦威尔的名字可以说是光辉耀眼、引人注目的。就是这个乡绅出身的人在17世纪英国资产阶级革命中写下了不朽的史诗，树立了永恒的丰碑。克伦威尔从普通乡绅到国会议员，从招募军队投入内战到统领全军、威震四方，从独立派领袖到无冕之王，走出了一条非凡的人生之路。在几十年的政治和军事生涯中，他曾为穷苦人鸣不平，也曾镇压过穷苦人的起义，他曾在战场上打败国王查理一世并把他送上断头台，也曾成为英国军事独裁者；他曾以武力征服了苏格兰和爱尔兰并成为现代英国的奠基人，也曾以血腥的历史给现代英国留下了难以对付的麻烦。克伦威尔留给后人的是双重遗产。

目　录

历史的丰碑丛书

早年生活与家世

> 人生是一场无休、无歇、无情的战斗，
> 凡是要做个够得上称为人的人，都得时时
> 刻刻向无形的敌人作战。
>
> ——罗曼·罗兰

奥利弗·克伦威尔，1599年4月25日生于英国汉丁顿城郊的一个乡绅家庭。他的家本不姓克伦威尔，因其曾祖父查德·威廉斯继承舅父托马斯·克伦威尔的财产而改姓克伦威尔。其父罗伯特·克伦威尔是一个中等乡绅，母亲伊丽莎白·斯图亚特，据说是苏格兰王室一支的后裔，她的家庭在伊利有自己的领地。汉丁顿位于英格兰中部的东南，是一个僻静而又萧条的乡间小镇。在这里，克伦威尔家族算得上有影响、有势力的大户。据说，汉丁顿每年都要举行一次"反巫集会"。这一活动就是由克伦威尔的祖父亨利·克伦威尔爵士资助的，原因是亨利的妻子就是死于巫师之手。30岁以前，克伦威尔主要是在这个充满神秘色彩的穷乡僻壤度过的。

← 奥利弗·克伦威尔

　　伟人的童年不一定都有超常之举，但是当一个人成为伟人之后，后人常常去寻找伟人童年的往事，以证实伟人从小就不同寻常。据说，1603年英王詹姆斯一世从苏格兰前往英格兰登基途经汉丁顿时，克伦威尔家族曾十分热情地款待了这位国王，不幸的是，当时年仅4岁的克伦威尔把国王的儿子查理打得头破血

流，小王子当时只有两岁。这种传闻是否属实难以考证，但1649年克伦威尔把查理送上断头台却是铁的事实。

克伦威尔最初进入汉丁顿圣约翰免费学校学习，1616年4月23日，克伦威尔来到剑桥大学西德尼·苏塞克斯学院学习。在这里，他不仅学习神学，还要学习算术、几何、逻辑、修辞、拉丁文和希腊文。但他很难说是一名好学生，在田径场上比在课堂上更为有名，他是一位安排各类体育比赛的组织者，本人则善于游泳玩球，长于击剑射击。他在学习上不太刻苦，却热衷于骑马打猎。后来他成为一名优秀的骑兵指挥官，其精湛的骑术和勇敢的精神，应该说与学生时代的锻炼是分不开的。

→英国剑桥大学

←剑桥大学一角

　　克伦威尔在剑桥的学习仅一年多，1617年6月，他的父亲突然病逝，迫使这个8口之家中的唯一男性抛下学业，回到家乡帮助母亲料理家业，这样，家庭的重担过早地落到了年仅18岁的克伦威尔身上。但是，家庭琐事并没有把克伦威尔变成一个碌碌无为的人。原来，克伦威尔家族在当地可以说首屈一指，克伦威尔的祖父亨利被称为"金骑士"，常年生活在赫瑟布鲁克城堡那巨大的府邸之中。亨利爵士有两个儿子，长子是我们在前面提到的那位与克伦威尔同名的伯父，次子就是克伦威尔的父亲罗伯特·克伦威尔。亨利似乎对两个儿子不一视同仁，因为他留给长子的是那座令人羡慕的城堡宅院，而留给次子的仅一份年收入300

奥利弗·克伦威尔

镑的地产。但是，罗伯特在当地颇有声望，成为汉丁顿地区的治安官和地方长官。尽管这种官位在当时是没有报酬的，但还是令人向往，为一般人可望而不可即。也许正因为如此，克伦威尔在父亲罗伯特去世之后，虽家务缠身，却仍渴望将来成为治安官。所以，1620年，克伦威尔到伦敦学习法律。克伦威尔就学在林肯法学院，该学院位于伦敦商业区与威斯敏斯特宫和怀特宫之间，这使他有机会接触那些生活、工作在商业区的商人和金融家，有可能与宫廷朝臣和政治家交往，其中某些人还成为克伦威尔的朋友，这对克伦威尔后来成为著名政治家不无影响。

当时，年仅21岁的克伦威尔虽略显土气，却体态端正，膀大腰圆，臂力过人，浓眉大眼，性格深沉而坚毅。他和那些与自己年龄、身份相近的青年人交往甚密，力求找到展示自己才能的机会。与此同时，伦敦五光十色的商业区，国内外神奇诱人的新闻传说，特别是广泛的社会交往，使克伦威尔大开眼界，干一番大事的决心更加坚定了。

对于人来说，婚姻是人生最重要的问题之一，要想成就一番大事业，美满合适的婚姻是重要的因素之一，有时甚至是决定性的因素。1620年8月22日，在克伦威尔过完21岁生日后，与伦敦商业区一位很有钱

的皮货商人的女儿结了婚，新娘名叫伊丽莎白，是商人詹姆斯·布尔歇爵士的长女。结婚一年以后，他们夫妻双双回到家乡汉丁顿经营土地。但迎接他们的家庭状况并不乐观。

按照英国当时的习俗，老人临去世之前都将留下遗嘱。遗嘱的内容涉及方方面面，但主要是死者所留下的财产如何分配的问题。前面已经提到，克伦威尔的祖父留给其父亲的遗产本不是很多，其父亲的遗嘱又将遗产留给其母亲，克伦威尔未婚之时还有权与母亲一起享受这笔遗产，但结婚之后只能靠两英亩牧场、4英亩草地和一块不大的耕地维持生活。这种田园式的生活虽较清贫，倒也平静安逸。在克伦威尔婚后11年里，伊丽莎白为他生了7个孩子，其中有一个出生后不久便夭折了，留下来4男2女。按照17世纪的标准，

→英国田园风光

这个 8 口之家在英国可算得上一个较称心的家庭。

克伦威尔的伟大之处在成家立业之后很快露出了璀璨的光芒，但这一光芒照亮了别人，给克伦威尔家庭带来的却是灾难。事情的经过是这样的：1628 年，拥有远大政治抱负的克伦威尔在汉丁顿选区当选为国会议员，他第一次走进英国众议院的圆顶拱门，坐在了最后一排座位上。初登政坛的克伦威尔还不到叱咤风云的时候，他要向那些政坛老手学习。在国会中，那些杰出的反对派领袖，如热情的约翰·义律，恬静而不屈不挠的约翰·皮姆，英勇而对事业忠心耿耿的约翰·汉普顿，都对克伦威尔产生了强烈的影响。在感召之下，克伦威尔在国会做了第一次简短而有力的

发言，他批评了国王的宗教政策，捍卫清教原则，控诉了温切斯特主教对他的老师比尔德博士的迫害。克伦威尔显然已经站在了国会反对派一边了，这既符合他的清教徒身份、他的倔强的性格，也表现出青年政治家那无所顾忌的斗争精神。国会反对派的角色并没有给克伦威尔带来危险，或许因为这时的他还不是主角。但是1630年，在家乡的一次政治示威活动，却给克伦威尔的政治生活乃至经济生活带来了不小的麻烦。当时，汉丁顿镇的统治者企图牢牢控制该镇的管辖权，按照王室颁布的一项新法令，每个城镇的领导人不必经过每年的重新选举，就可以继续掌权，与此同时，他们还有权支配管辖区内的公有土地。这在英国历史上从未有过。人们对每年一度的地方官选举和公有土地的共用早就习以为常，并视之为公民的基本权力。这种剥夺公民权的做法引起汉丁顿广大群众的强烈不满。作为国会议员，克伦威尔没有充当官官相护的角色，而是站在了人民群众一边，他领导当地群众举行了带有政治色彩的示威活动。当地统治者向王国政府求助，克伦威尔被带到威斯敏斯特去见掌玺大臣。英格兰的掌玺大臣是国王手下掌管财政的最重要臣僚，由此可见政府对此次事件是何等重视。在地方政敌和查理一世的王国政府的双重压力之下，克伦威尔被迫

奥利弗·克伦威尔

放弃自己的主张，他不得不表示谢罪，承认他的抗议活动"毫无道理"，他的那些言论是在"情绪冲动"的情况下发表的。

自从1628年克伦威尔当选为国会议员以来，他在汉丁顿的影响越来越大，议员的主张和看法在地方事务中的作用是有目共睹的。然而今天他却被击败了，他再也不能代表自己的选区了。克伦威尔的政治生涯似乎走到了尽头。1631年5月，克伦威尔卖掉了汉丁顿的几乎所有财产，携带1800英镑，移居至圣·艾符斯镇。在这里，他成了一名佃农，不再是一个土地所有者或治安法官了。更令克伦威尔伤心的是，曾代表国王召见他的掌玺大臣是曼彻斯特伯爵亨利·蒙塔古，这位伯爵的家族在1627年买下了克伦威尔家族那高贵

←英国的田园风光

的赫琴布鲁克城堡，这一举动使克伦威尔家族从本郡首富的位置上跌落下来。克伦威尔的家境彻底衰落了。在前往美洲没有成行之后，克伦威尔倒是冷静下来，他最后选择留在英格兰，在那穷乡僻壤重新耕耘。

如果有上帝，他赐给每一个人的机会都是均等的；如果没有上帝，每一个人能否抓住难得的好运和机遇则成为人生旅途的关键。1636年，好运终于降临。克伦威尔的舅父托马斯·斯图亚特爵士在伊利城去世，在遗嘱中，他指名克伦威尔为他的主要继承人。于是，克伦威尔举家迁往伊利城，继承舅父的家产。伊利城属剑桥郡，离剑桥不远。现在，克伦威尔住在离剑桥大教堂不太远的一所房子里，拥有一笔不小的财产。

他每天无忧无虑，生活十分惬意。1637年和1638年，克伦威尔又有两个女儿相继出世，两位千金的到来似乎也给克伦威尔带来幸运。尽管这一段时间克伦威尔的身体不好，四处求医均无疗效，然而有一次，一剂防止瘟疫病的万能解毒药竟使他康复。所有这一切预示着，克伦威尔家族的重新崛起已经指日可待了。

→剑桥

在伊利城生活不到一年，克伦威尔就成为剑桥郡有名的绅士，这一身份使他很快再次卷入了当地的政治活动。克伦威尔初衷未改，在伊利如同在汉丁顿一样，他仍站在当地广大人民群众一边。所不同的是结果完全相反。上一次活动使克伦威尔丢官，倾家荡产，而这一次却使他名声大振，国王也奈何不得。

当时，所争论的问题主要是疏干沼泽地以扩大可耕地。为了养活不断增长的人口和满足人们日益增长的物质需求，扩大可耕地是件好事。但是，从事这项工作的公司却想自己牟利而不顾他人，他们把一些疏干了的土地攫为己有。因为已成耕地，那些贫苦的平民百姓则被剥夺了在那里放牧、打鱼和狩猎的权利。于是，在沼泽地区出现了群众暴动，众多的百姓手持草耙和镰刀，与那些企图驱赶他们牛群的人搏斗。而此时已经在伊利扬名的克伦威尔则以法律为武器，与疏干者们打了几年官司。由于他是在为平民们讲话，所以百姓们付给克伦威尔报酬，他们按照饲养在公有土地上的牛的头数，每头牛付给 4 个便士。1638 年，由于害怕沼泽地区的平民起义，国王查理一世赶紧出面干预，他宣布平民的权利可暂不受侵犯。这场斗争

← 英国田园风光

终以平民的胜利而结束。这里，克伦威尔功不可没。

1640年，克伦威尔再次当选国会议员，他仍未忘记那些沼泽地区的平民们。有一次，圣·艾符斯镇附近的一些公有荒地被圈起来卖给了曼彻斯特的儿子曼德韦尔勋爵，平民们向国会请愿，要求得到赔偿。而国会中的贵族院却替圈占土地者说话。当平民们为了获得土地，依据法律而采取暴力行动时，克伦威尔则在国会的众议院发表演说，替平民们说话。他攻击贵族院的干预侵犯了本属于众议院的权力，并说服众议院成立一个委员会来调解此事。克伦威尔对沼泽地区平民事业的鼎力支持和不懈斗争不但使平民们在政府中有了代言人，而且使自己在广大人民群众中的威信

→克伦威尔在议会上

← 英国议会

越来越高。内战开始之后，他号召沼泽地区的平民们拿起武器，为真理、自由和土地法而战，平民们纷纷参加克伦威尔的军队。由于克伦威尔早年在地方事务上站在沼泽地区贫苦百姓一边，客观上为自己后来的伟业奠定了基础。为此，1643年王党分子曾挖苦克伦威尔是"沼泽地勋爵。"

虔诚的清教徒

当人胸中具有一种神圣的理想和信仰，
那么就可以激出无限的意志和力量。

——培根

克伦威尔是一位杰出的政治家，又是一个虔诚的清教徒。清教信仰是他政治之树的土壤。

大多数欧洲人都信仰基督教。但是，随着罗马帝国在395年分裂成东罗马和西罗马两个帝国，基督教也分裂成两大派别，一为天主教，一为东正教。其中西欧国家的人们主要信仰天主教，而东欧则流行东正教。在西欧，自中世纪以来，天主教会拥有极大的权力。教会不但垄断文化教育，在精神上奴役人民，而且拥有半数以上的地产，在经济上剥削人民。在那个被称为"黑暗的时代"的岁月里，宗教僧侣是头等公民，教皇是最高主宰，连各国的国王也要听教皇摆布。然而，自14世纪以来，随着社会的发展，资本主义的萌芽，人们对天主教一手遮天的世道越来越不满，反天主教的呼声日益高涨，一些新的基督教派别，诸如加尔文教、路德教、再洗礼教等应运而生。从此，天主教被称为旧教，新兴起的教派，包括清教，被称为新教。新教与旧教的根本不同在于，新教认为人人都是上帝的选民，上帝的意志可以直接降临每个选民。而旧教则认为，上帝的意志只能由教皇及主教们转给选民。其实，新教运动的兴起不仅仅是一种宗教斗争，更重要的是资产阶级反封建斗争的一面旗帜。在新教运动风起云涌的欧洲，某些国家的统治者早已不满教会专权，试图借机扩大王权，建立封建专制主义统治，于是，也开始采取措施，摆脱天主教的束缚。在历史上，这场运动被称为宗教改革运动。

到了16世纪，宗教改革运动不断扩展。为了加强

→亨利八世

王权，英国国王亨利八世（1509—1547年在位）也走上了与罗马教廷决裂的道路。

当时，以亨利八世离婚请求被罗马教皇否决为导火索，英国自上而下积淀了多年的遭受罗马教皇压制的不满情绪爆发出来，英国的市民和贵族们纷纷要求英国与罗马天主教决裂。亨利八世遂下决心。1534年，英国议会通过"至尊法案"，宣布英国国王是英国教会的唯一的、至高无上的首脑，拥有纠正错误、镇压异端和处理教会事务的一切权力。另一项法律宣布断绝与教皇的一切往来，同时废除修道院制度，没收天主教会全部地产等。亨利八世还授意坎特伯雷大主教克兰默宣布解除国王与王后凯瑟琳的婚姻并且认可国王与安娜·波琳结婚，教皇则否决了亨利八世的离婚要求，并以通奸罪开除亨利八世的天主教籍。

决裂以后的英国国教有时被翻译成安立甘教，它虽然引入了某些新教思想，却保留了大量的天主教残

余，如主教制、圣事穿法衣制、偶像崇拜制等。这种情况使得英国新教徒们对国教不满，他们要求"纯洁"教会，清除国教中的天主教传统。于是，国教信徒们称他们为"清教徒"，这是16世纪中期发生的事。但是，到了17世纪，国教与清教之争已经不仅仅是信仰上的差别，其中的政治色彩逐渐明显了，同时，清教内部也存在着矛盾和斗争。

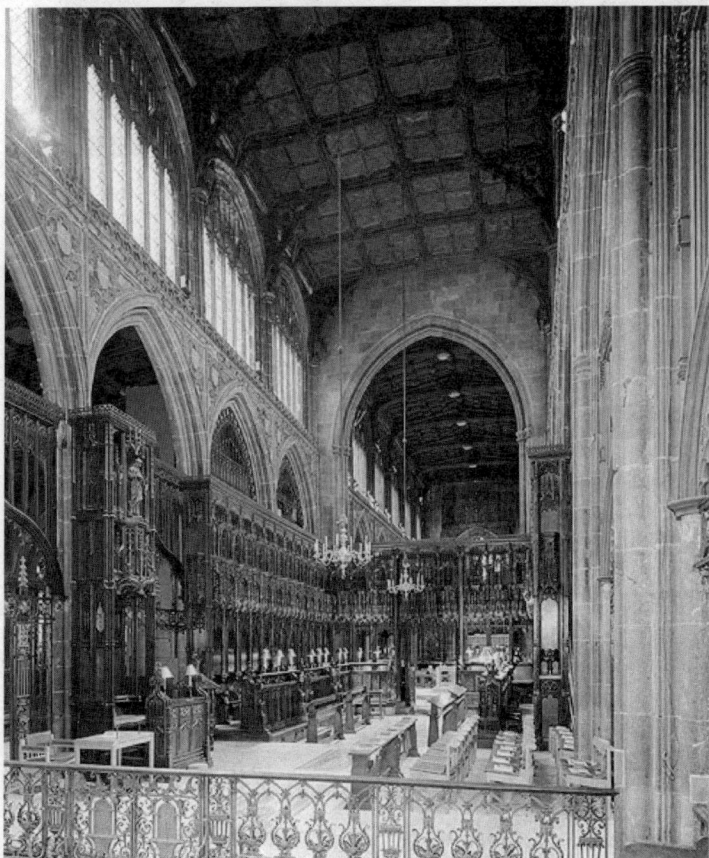

　　17世纪的英国清教徒主要有两大派别：一是长老派，二是独立派。这两派的主要分歧表现在两个方面：第一，长老派主张国会控制宗教事务，而独立派主张由地方行政官员控制宗教事务。第二，两派在各不同宗教之间是否应该相互宽容的问题上看法不同，长老派对英国国教徒和天主教徒绝不容忍，而独立派则主张信仰自由。在英国资产阶级革命过程中（1640—1688），这两派清教徒逐渐成为一些政治角色的代名词，长老派被视为保守的资产阶级和新贵族的代表，独立派被视为激进的、革命当中发了财的资产阶级和新贵族的代表。自从英国宗教改革以后，教会成为国王的工具，主教成为国王的鹰犬，清教徒们以纯洁教

会的名义要求限制王权，争取民主和自由，既反映了一种宗教信仰的追求，也体现新兴资产阶级要求取得社会地位的愿望。

按照一般的看法，克伦威尔属于清教徒中的独立派。

克伦威尔的父亲就是一个虔诚的清教徒。所以，他自幼受到严格的清教徒教育。克伦威尔最初所上的圣·约翰免费学校的校长托马斯·比尔德博士也是一位严格的清教徒。这位校长毕业于剑桥大学，在来汉丁顿之前，曾写过一本书叫作《上帝审判的场所》。在

→英国剑桥大学

这本书中，比尔德把生活看成是上帝与邪恶势力之间的一场搏斗，而上帝的臣民们正是为上帝而战，只要他们遵从上帝的旨意，就一定会获胜。在比尔德看来，上帝对国王和平民百姓一视同仁。作为学生，克伦威尔无疑读过比尔德校长那本书，比尔德的神学思想对克伦威尔的影响，远远大于他所教授的拉丁文所产生的影响。后来，克伦威尔就学的西德尼·苏塞克斯学

院也是一个清教主义气氛浓厚的地方，他就学于清教徒博士塞苗尔·约尔德。

早年的清教徒教育虽然培育了克伦威尔根深蒂固的清教思想，但是，他真正信仰清教却是在1638年一场大病之后。他在给表弟的一封信中回忆往事时曾这样写道："感谢上帝将光明照射到我黑暗的心中。你知道我是怎样生活的，我一直生活在黑暗之中，因而我喜欢黑暗而憎恨光明。我是一个罪孽深重的人。真的，我憎恨神灵，然而上帝却宽恕了我，他真是恩泽无边啊！"以往的经历使克伦威尔在信仰清教之后有一种"获救"之感，从此以后，他认为自己是一位"圣徒"，是上帝的宠儿，是注定要进入天堂的人。他从宗教信仰中获得自信，从而使自己在宗教纠纷和政局不稳的形势之下能够顺心如意。

　　毫无疑问，克伦威尔是一个清教徒，而且是一个
虔诚的清教徒，但他不是历史教科书上所描绘的清教
徒，因为在17世纪40年代英国资产阶级革命爆发前
后，要在下午把很多清教徒议员召集起来举行会议是
无法办到的，因为他们喜欢下午在剧院、公园消磨时
光，或者去草坪玩滚木球。克伦威尔可能比某些议员
工作要卖力些，但他也玩得很痛快。他有时像乡绅那
样去狩猎，有时与士兵们开玩笑。他喜欢音乐，因此

建立过一个音乐发展委员会；他喜欢抽烟，也喜欢饮酒，特别喜欢饮葡萄牙产的甜酒，据说，就是克伦威尔把这种酒引进英国的。当他成为护国主之后，他曾禁止举行赛马会。这倒不是因为他不赞成这项活动，而是因为有人常以赛马会为借口举行煽动性的集会。

从宗教信仰角度看，克伦威尔是十分虔诚的清教徒，他和他的清教教友们内心都有一种不可抗拒的为捍卫清教事业而斗争的激情，这种激情就是鼓舞他们齐心协力为实现上帝的意愿而奋发向上的原动力。从政治信仰角度看，克伦威尔这样的清教徒则表现出极大的灵活性。换句话说，克伦威尔等清教徒很懂得借助上帝的意志，即"天意"，去实现自己的意愿。有一位清教徒曾经说："在肯定能取胜时而不去战斗，这样

的人该是何等怯懦！"一语道破了克伦威尔统领的清教徒士兵们作战勇敢、所向无敌的秘密。

按照新教理论，上帝的旨意将直接降临给臣民，那么，如何领悟和怎样才能领悟上帝的"天意"，则成为问题的关键。有位17世纪的日记作家曾经写道："实际上，当天意与我的心情相投，并使我有可能获得荣誉和好处时，我就顺从天意；但是，如果天意让我离开较好的地方，将我带到敝陋的住所或荒凉的地方，我是不会马上心甘情愿地顺从它的。"克伦威尔也是这样，当他做出决断之前，他总是煞有介事地说，让我们来看看天意如何吧！克伦威尔正是利用听从上帝召唤的机会等待与观望，一旦认清形势，他便立即采取行动。在克伦威尔的斗争生涯中，人们常常会看到这种奇怪的举动，在犹豫不决之后，随之出现紧张而又激烈的行动。政治斗争是如此，军事行动也是如此。克伦威尔对自己的这种奇怪举动解释说："等待上帝的旨意，我们不知道应采取什么步骤，我们确实无法知道怎样做才能使伟大仁慈的上帝感到满意。"由此可见，在克伦威尔登上政坛之后，特别是内战及以后，政治目标比清教教规更为重要。

从政治斗争到军事对峙

一切真正美好的东西都是从斗争和牺牲中获得的，且美好的将来也要以同样的方法来获取。

——车尔尼雪夫斯基

克伦威尔既是一个政治家，也是一个军事家，二者又是密不可分的。他为政治而打仗，军队又成为他政治崛起的工具和掌权的可靠依托。但是，回顾克伦威尔的生涯，我们不难发现，是时势造就了这位英雄，使这位英雄从政治斗争走向军旅生涯，而后又回到政治斗争中。

克伦威尔正式卷入英国政治斗争的漩涡，是从1640年他第二次当选国会议员开始的。这个时期英国的政治斗争包含两个既相互联系又不完全一致的内容：一是清教徒要求改革国教，包括取消主教制，清除天主教残余，停止对清教徒的迫害等，因而，有人称这次斗争为"清教革命"；二是以清教徒为主的英国新兴资产阶级和新贵族，以及广大劳动群众要求改革国家政治制度和体制，包括限制王权，扩大和加强国会的权力，废除各种封建特权等。因而，一般认为这次斗争是资产阶级革命，或者说是"披着宗教外衣"的资产阶级革命。其实，这次革命是二者兼而有之，忽略了哪一方面都有悖于历史本来面目。

← 铁骑军

  自从都铎王朝的亨利八世与罗马教皇决裂并确立英国国教制度以后，英国的封建专制制度便不断加强，国王以国教为工具，不但加强王权，而且大肆迫害清教徒，迫使大批英国清教徒远走北美。在经济上，国王不但占有大量土地，而且大肆征税，垄断手工业和贸易，使新兴阶级难以发展。面对国王暴政，英国清教徒和新兴阶级的代表以国会为阵地，同国王进行斗争。在克伦威尔登上政坛时，这场斗争已经进行了近百年。到了国王查理一世（1625—1649年在位）统治时期，王权专制更加严重，查理一世甚至从1629—1640年连续11年都没有召开国会，实行无国会统治，一切国家事务都由他一人决断。这种封建专制统治引起英国各个阶级和阶层人民的普遍不满。1637年，苏格兰爆发人民起义。1639年，苏格兰军队开始对英格兰发动进攻。为了对付苏格兰的进攻，查理一世急需大量军费，但是由于王室腐化，国家财政入不敷出，取得资金的唯一途境便是召开国会。形势迫使查理一世在1640年4月13日召开国会。克伦威尔正是这时被剑桥郡选为国会议员，正式登上英国政坛。

← 查理一世行猎图

　　但是，新国会一开幕便猛烈抨击国王的暴政，拒绝通过国王所需要的经费。查理一世恼怒之下，在5月初宣布解散国会。这届国会仅存在3个星期，历史上称之为"短期国会"。经费问题没有解决，苏格兰人的进攻却日益加紧，英格兰境内也出现了群众暴动。万般无奈的查理一世在1640年11月3日重新召开国会。这届国会存在了13年之久，直到1653年被克伦威尔解散，因而历史上称之为"长期国会"。当然，克伦威尔又成为长期国会的议员。

　　在短期国会和长期国会中，克伦威尔都算不上名流。当时，皮姆、汉普顿、义律等激进派领袖在国会下议院中早已大名鼎鼎，而克伦威尔，既不是皮姆的追随者，也不是汉普顿的门徒，一个实实在在的乡村士绅，如何在政坛立足？克伦威尔的伟大正在于此，

他靠自己的能力和意志成就自己的事业。1640年11月19日，克伦威尔在国会里第一次发言。他从自己的座位上站起来，以约翰·李尔本的名义提交了一份请愿书。李尔本是英国著名民主主义者，虔诚的清教徒，当时，因传播清教作品而被关在监狱里。克伦威尔的发言在国会产生了强烈的影响。后来的王党分子菲利普·瓦尔维克在谈到克伦威尔的那次发言时说，"他身材适称，面容肥胖而红润，声音很尖，具有雄辩才能，神情非常激昂。"在长期国会的第一年时间里，克伦威尔参加了国会的18个委员会，被人称为"了不起的委员会委员。"他还是许多提案的提议人，可以看出，克伦威尔已经崭露头角。

情况是在不断变化的。1641年9月，在经过与苏

奥利弗·克伦威尔雕像

格兰人的僵持之后，终于缔结了和约，苏格兰军队退回苏格兰境内。查理国王的压力减轻了，腰杆似乎又硬了起来。国会中有些人也开始对国王寄以希望，认为温和一些更好。但是，原则的政治斗争事关国家的前途、民族的命运，任何优柔寡断都会带来无法弥补的损失。国会激进的反对派毫不松劲，继续向封建专制王权发动猛攻。

从1641年10月至11月，国会对一个重要的文件《大抗议书》进行了长期的激烈的辩论和讨论。《大抗议书》是针对国王的，是国会的纲领性文件，共204条，历数了国王在世俗、宗教、政治、经济、外交等许多方面决策中所犯的过失，要求废除各种封建特权，实行工商自由，成立长老派教会组织，加强和提高国会的权力和地位等。1641年11月23日凌晨2时，国会表决的结果，以159票对148票通过了《大抗议书》。克伦威尔在这场争论中的态度十分明朗，有人听到克伦威尔在表决后回家的路上说，如果《大抗议书》被否决，那么他第二天就卖掉全部财产，远走美洲。

《大抗议书》的实质是要国王把权力交给国会，查理一世当然不干，所以他拒绝接受《大抗议书》，并以攻为守。1642年1月4日下午，形势突变，查理一世在数百名骑兵的簇拥下来到议院，准备以叛国的罪名

逮捕皮姆等5名议员。他让随从守在走廊里，自己走进国会大厅，从容地脱下帽子，装作若无其事的样子。但是，透过敞开的大门，议员们还是看到了门外全副武装的士兵。由于皮姆等5人事先得到了消息，早已躲到伦敦居民区去了，国王扑了空，他绝望地说："我的鸟儿都已飞走了。"查理一世又率士兵赶到城区，但遭到成千上万的伦敦市民的阻拦，国王无计可施。1642年1月10日，查理一世离开首都伦敦，来到英格兰西北部，这里保王党势力较强。国王何时、怎样才能重返首都？看来只有两种可能：要么是凯旋的英雄，要么是国会手中的俘虏。现在，只有武力才能解决争端。克伦威尔的生涯也从此由政治斗争转向军旅之途。

如同其他国会反对派领袖一样，克伦威尔对国王出走的后果十分清楚。1642年1月14日，他在国会提议建立一个委员会，来研究保卫国家的大事。同时，他积极参与筹集钱财，准备招募军队，以应付国王随

时可能发起的武力进攻。克伦威尔捐出了2000英镑。这是一个不小的数字。大战在即，双方都认识到，重要的是武器弹药和钱款。克伦威尔所在的剑桥郡同全国一样，也存在两种完全对立的势力，传统的城镇居民们支持国会，而各个大学仍然忠于国王。1642年7月，克伦威尔又从自己的钱款中拿出100英镑购买武器，并送给城镇志愿兵。这些与大学持敌对情绪的平民以大学校园的窗户为靶子进行实弹射击训练，大学的师生们也派人去伦敦购买武器，并将其藏在学校的地下室内以备急用。他们还搜集钱财送给国王。

这种忠诚使查理一世深受鼓舞，他写信给剑桥大学副校长，要求学校把金银器皿交给他，以便"妥善保管"，并派詹姆斯·道克拉上尉率领一队士兵将这些

贵重物品护送到约克，当时查理一世正在那里。谁都知道，那些金银器皿就是钱款，克伦威尔当然意识到问题的严重性。他于8月初急忙离开伦敦，来到剑桥郡西部，组织起一支武装力量，在路上拦截下了这批金银器皿，并夺取了剑桥城堡，逮捕了道克拉上尉，扣押了他的人马。克伦威尔的这一行动不但夺取了价值大约2万英镑的金银器皿，获得了剑桥城堡里的一个弹药库，而且封锁了剑桥通往外界的道路，抢占了重要战略地点。但是，这并不意味着克伦威尔已经控制了剑桥。因为剑桥是英格兰的文化区，这里有许多

所大学，要征服那些倾向国王的大学师生并非易事。而且，就在克伦威尔夺取城堡时，保王党人郡长约翰·科顿爵士已在国王学院集结起了郡内武装民兵。箭在弦上，一触即发。

1642年8月22日，国王查理一世在诺丁汉升起了自己的军旗，正式向国会宣战。酝酿了半年多的英国内战终于爆发了。查理一世派卡莱尔伯爵和约翰·拉赛尔爵士前往剑桥，以他的名义招募军队。克伦威尔心中非常清楚，靠他现有的兵力，要使剑桥不落入王党之手，是难以办到的。于是，他请求国会调动首都的正规部队"龙骑兵"500人来剑桥援助。这500人在8月30日抵达剑桥，并起到了决定性的作用，各大学

校园内有时虽然响起一些零星的抵抗枪声，但克伦威尔已经牢牢地控制了剑桥。对于一个没有军旅经验的人来说，克伦威尔的决断和对剑桥的控制，已经说明了他的军事才华。

内战开始了，全国分成两大阵营：一方以国王为首，占据北部和西北部，参加者主要是旧贵族、高级官员、国教教士，人称"骑士党"，也被称为"保王党"。其实，这里根本没有什么现代意义上的党。另一方以国会为首，占据经济发达的东部和南部，参加者多半是清教徒，包括新兴资产阶级、新贵族、自耕农、城市手工业者和贫民等，人称"圆颅党"。既然是战争，决定胜负的主要因素当然是军队，包括军队素质、

→剑桥大学

← 克伦威尔率军在战场上

装备、给养、纪律、战略、战术，以及影响军队作战的其他因素。

在17世纪资产阶级革命前的英国，国家没有常规部队，国王手中也没有大批军队，只有少数卫队。当时为数不多的正规军称"龙骑兵"。所谓龙骑兵，是指16世纪欧洲各国普遍流行的一种骑兵，他们进攻时骑马作战，防御时下马成为普通步兵。因为这些士兵所使用的短滑膛枪名为龙骑枪，所以被称为龙骑兵。龙骑兵一般以连为建制，作战时每10人为1组，其中9人参战，1人负责照顾马匹。由于岛国的优越地理位置，英国几百年间都没有外敌入侵，这是英国人不供养大批军队的主要原因。一旦有战事发生，则临时招

募军队。不过，英国各地，尤其是城镇，当时都有一些训练有素的民兵，这些民兵成为战时招募的首选对象。所以，内战爆发后，双方都开始大量招募军队。克伦威尔是当时首先抓军队，并组织自己的武装的人物之一。

有大海作为天然屏障，英国成为独特的不设防国家，偶尔有内战发生，也主要以短兵相接为战斗方式，很少发生欧洲大陆那种攻坚战、围困战，因而也少有城市建立外围工事，如半月堡、角堡等防御系统。所以，那时的英国人不善军事。尽管有些英国人在欧洲大陆当兵，他们的军事经验在回到英国之后却不灵，因为英国情况与欧洲大陆不同。在欧洲大陆，不论是围困或进攻一个城市，还是防守一个关隘，步兵都是决定的因素，最后都由步兵解决战斗。而在英国，在短兵相接的肉搏中，在双方都无险可依，无工事可靠的情况下，骑兵的快捷、灵活，常常显示出巨大威力。所以，克伦威尔向国会提出建议，组织募捐，成立基金会，国会军授衔80名上尉，每个上尉拨款1104英镑，用来招募一支拥有60匹战马的骑兵队伍。克伦威尔本人则更是青睐骑兵。1643年，诺威奇的一些青年男女准备建立一个步兵连，克伦威尔给他们写信说，"依我的看法，你们装备步兵的打算可否改为装备一队

骑兵，这将比2~3个连的步兵的作用大得多。"

战争来临之后现招募军队，很难保证军人的素质，当时的英国虽有很多民兵，但只有伦敦的民兵素质较高。而这些"伦敦佬"却根本不想去外地作战，他们出奇地眷恋家乡。而其他地方，则很少有受过良好训练的士兵。1639年为抵御苏格兰人的进攻而招募受训的民兵，据当时的一位上校抱怨，他们所崇拜的不是玛尔斯（战神），而是巴克斯（酒神）。既然双方都是这样，决定军队的战斗力的因素在很大程度上不是靠军队战斗技术，而是靠精神和意志。克伦威尔依靠自己的威信，以清教徒的信仰为凝聚力，招募了不仅忠

诚于自己，而且又勇敢无比的由清教徒自耕农组成的骑兵，使他略高出别人一筹。

那种临时招募军队的方式是一种落后的封建的方式，现代世界上没有一个国家这样做，因为其弊端太多。首先，军官们视自己的队伍为私有财产，很难形成统一认识和统一指挥，这种部队私有化现象又带来各部队服装式样和颜色自由选择，很不一致的后果。由于一方的军队没有统一服装，为了避免战场上自伤本方士兵，各部队往往要使用"战场标记"和"战场口令"。有时是佩戴标记，有时在头上插个标记，口令则临时确定。结果出现了令人啼笑皆非的事情：1644年3月切里顿战役中，国会军和国王军竟然鬼使神差般地佩戴着同样的白色标记，并采取了同样的口令"上帝与我们同在"。当国王的军队战败四处逃跑时，有许多人竟然向国会军的阵地奔去，直到他们听见清教徒们那嘹亮的圣歌时，方知跑错了方向，并且大叫："见鬼，难道我们要去当圆颅党的俘虏吗？"最聪明的将军还得说乔治·蒙克，他在1651年的一次战役中，令他的士兵必须在后背挂一块白布，这样，凡是被看见背后有白布者一定是自己人，但如果自己人不思进攻，临阵退缩，转身逃跑，他背后的白布就面向敌人，不但敌人会追杀他，而且本方士兵也会认为他是敌人，

→克伦威尔在战场上

因为他看见的不是白布。

当时军队的装备与现代军队根本无法相比。步兵一般都包括两种：长矛兵和火枪手。长矛兵的武器是一把剑和一支长达16英寸的矛，他们穿着护胸和甲胄，戴着头盔，所以身负重担，行动很不方便。火枪手一般不穿盔甲，使用火绳枪，士兵必须随身携带火枪、12颗很重的子弹，以及一条点枪用的点火绳。子弹装在铅或者木制的筒子里，挂在肩膀上，遇到刮风或跑步行军，这些玩意儿便叮当乱响，很难发动偷袭。1655年，有一次英国人与西班牙人打仗，英国士兵几乎每天晚上都睡不好觉，因为哨兵不时发出警报，说是听到了西班牙人子弹筒的嘎嘎声。后来才发现，那声音根本不是从西班牙人那里传来的，而是螃蟹相互撞击而发出的声音。最令士兵头痛的是火绳。这种引火绳由几股细亚麻绳搓成后，又用蜡煮过或用钾硝浸泡过。每个火枪手带一根长2~3米长的火绳，无论敌人何时来，他都要把火绳两头燃着，准备开火。临时现点火是来不及的，因为对方的骑兵说到就到。且不说潮湿天气这种火绳难以点燃，就是晚上最难办，士兵总不能整夜不休息去看着燃烧着的火绳，如果弄不好，会使火药爆炸，炸伤自己。1650年在邓巴尔战役中，克伦威尔聪明地利用这一点，他在黎明前发动突袭，苏格兰火枪手还没来得及点燃火绳就被俘虏了。当时的骑兵都用火绳枪，他们一般都配有燧发火绳枪两把和一把马刀，所以骑兵兼有步、骑两种职能，既

能远距离开火，也能短兵厮杀。

军队的给养和部队的薪水常常是战争的重要因素。内战开始后，国会军的供应和支出十分混乱，各战区的将军们总是向国会要求拨款，以支付士兵的军饷。因为他们知道，让士兵们饿着肚子、毫无报酬的战争是难以取胜的。中国也有"重赏之下，必有勇夫"的说法。但是，相比之下，军队的纪律是否严明是最为重要的。克伦威尔的军队之所以所向无敌，就是得益于严明的军纪。1643年4月，克伦威尔部队有两个逃兵被抓回，他命人在汉丁顿市场当众进行鞭笞，然后将他们开除军队。据说，几乎每一次战役后，克伦威尔都要绞死几个掠夺或盗窃的士兵。因此，克伦威尔的军队以行为端正、纪律严明而远近闻名。

内战中的杰出军官

> 真正的人生，只有在经过艰苦卓绝的奋斗之后才能实现。
>
> ——塞涅卡

在历史研究中，人们通常给克伦威尔两顶桂冠：一是伟大的军事家，二是杰出的政治家。对政治家来说，可能手腕儿更为重要，而对于军事家来说，才能则是必不可少的。在英国内战中，克伦威尔杰出的军事才能和无比的品德意志令同代人刮目相看。

克伦威尔懂得在战争中学习战争。当时的作战方式主要有两种：一种为旧式的荷兰人的作战方法，即部队列成整齐的一队向上进攻，前赴后继，直到决出胜负。国会军在埃吉山战役中用的就是这种阵式。另一种是新式的瑞典模式，即以骑兵每三行排为一队发动进攻，这便形成连续不断的进攻。在埃吉山战役中，王党军中的鲁伯特亲王就是用这种阵式取得胜利的。克伦威尔从这一战例中得到宝贵的经验，后来他在战斗中经常采用鲁伯特的战术。这种聪慧的学习精神正

是克伦威尔成为伟大军事家的先决条件。

　　内战开始后，克伦威尔的剑桥郡成为国会军的大本营，但是，国会方面的各个郡的军队通常都是各自为战，很少配合或联合作战，这对国会军极为不利，或许这正是内战初期国会军连遭败绩的主要原因之一。克伦威尔等人及时看到了这一弱点，国会在1642年12月20日通过一项法令，让剑桥、诺福克、谢福克、赫特福德和埃塞克斯5个郡实行联合，成立"东部联盟",以加强战斗力。但是,几个星期之后,东部联盟仍有名无实。又是克伦威尔告诫人们形势的严峻,才使联盟在1643年4月成立了一个永久性的机构——剑桥委员会。克伦威尔的高超战略眼光赢得了人们的信服,他很快被提升为上校。到1644年春,他指挥的骑兵已达14个连。当时,一个团仅为6个连。克伦威尔的实力已远远超出一个上校团长的职责。

克伦威尔手下将士的素质比他的军队人数更令人敬佩。他曾说:"几个诚实的人要远胜于一群人。"克伦威尔军队的高素质首先得益于他所招募的是清一色的聪明、勇敢的清教徒,这些人知道自己为什么而打仗,知道如何履行自己的职责,知道临阵逃脱莫不如战死沙场。克伦威尔军队的高素质还得益于他善于用人,敢于用人。他不像当时有些将军那样,专门从"有身份的人"中间选拔军官,而是任人唯贤。他说:"我宁可要一个知道为何而战并热爱事业的农民当上尉,而不想任用绅士但实际上一无所长的人。"后来他又补充说,"如果有出身高贵的人来参加军队,我们当然求之不得,可他们为何不露面呢?……我感到,有人总比没有人好,尽管这些人可能出身贫寒。"由于克伦威尔果敢提拔和启用下级官兵,不少出类拔萃的、出身低微的,但虔诚、正直、勇敢又有智谋的人都投

奔克伦威尔。应该指出，在等级分明的当时，克伦威尔的做法确实难能可贵。

1643年4月，克伦威尔奉命驻防自己的家乡汉丁顿。4月25日，他率军包围克劳兰城，而守城者却是克伦威尔的一位忠于国王的表兄。克伦威尔没有因为是自家亲戚而放弃战斗，他向该城发起猛攻。3天之后，守城者看到大势已去，只好投降。这次胜利不但使整个汉丁顿郡也加入了东部联盟，而且最终解除了

→英国国会大厦

来自北方的威胁。攻下克劳兰城之后，克伦威尔拜见了与自己同名的伯父奥利弗·克伦威尔爵士。他卖掉赫瑟布鲁克城堡之后隐居在这里。伯父是一个保王党，克伦威尔按章办事，收缴了伯父的武器和金银器皿，但同时也没有忘记应有的礼节，他向老人脱帽以示歉意。作为一个资产阶级革命家，克伦威尔能够有如此高的境界，是难能可贵的。

克伦威尔的战略战术思想是十分灵活的，他不一味进攻，该撤退的时候一定撤退。这种不计较一城一地得失的眼光是一个军事指挥官难得的才华。有一次，国会军总司令埃塞克斯伯爵令格雷与克伦威尔的部队共同拦截一支护送军火的保王党部队，但计划落空。当他们二人汇合时，保王党运弹药队伍已经过去。格

雷和克伦威尔都遭到责备。但是克伦威尔很快以实际
行动证明了自己的能力，几天以后，他在与一支保王
党军意外遭遇时，果断指挥队伍冲杀，大获全胜。
1643年9月，克伦威尔奉命去解救被围的费尔法克斯
部队，当他的部队顺利到达士斯顿并在那里等待命令
时，突然发现远远超出自己兵力的保王党军就驻扎在
离自己不远的地方，克伦威尔有秩序地将自己的部队
撤走，避免了一次重大的损失。

第一次内战中决定性的战役是马斯顿草原战役，
从双方投入的兵力和战役规模看，这也是英国有史以

来最大的一次战役。

当时，国会军将纽卡斯尔伯爵率领的王军围困在约克城，双方都把约克城看得很重要，国会军派克伦威尔前去增援围攻部队，国王查理一世则派著名的鲁伯特前去解围。结果围城的国会军调一部分兵力去阻击鲁伯特的援军，被围的王军却乘机突围成功。到了1644年7月1日，双方集结在约克城外5英里的马斯顿草原的兵力总数已超4万，国会军2.2万，王军1.8万。鲁伯特坐镇中央，决意要在这里与大名鼎鼎的克伦威尔交手。鲁伯特不理解，为什么克伦威尔的骑兵总能获胜，他急于领教一下这位神奇人物，于是打听，"克

伦威尔就在对面的军中吗?"当天晚上,天气闷热,一场暴雨即将来临,鲁伯特告诉纽卡斯尔:"我们明天早晨发起攻击吧",然后就若无其事地吃晚饭去了。晚7点30分,果然雷电交加,大雨倾盆。与此同时,国会联军全线出击。克伦威尔先发制人这一手果然厉害,他的骑兵奋力冲杀,鲁伯特仓促迎战。不幸的是,克伦威尔在战斗开始后不久就颈部负伤,不得不退下来包扎。但他那支训练有素的部队即使在失去主帅的情况下也能勇往直前,国会军大获全胜,鲁伯特本人藏在一片豆地里才侥幸逃脱。马斯顿草原战役被称为扭转战局的胜利。在国会方面其他战线屡屡失败的情况下,克伦威尔的胜利起了振奋人心的作用。

自内战开始到1644年马斯顿草原战役,国会军败多胜少,王军几次围攻首都伦敦,若不是英勇无比的克伦威尔民兵，查理一世早已重返首都。人们不禁要问：国会军不能取胜的原因在哪里呢？这里，关键的原因是国会军内部的观点分歧，那些高级将领大部分都是温和的长老派议员，他们一有机会就想与国王妥协谈判。激进领袖汉普顿战死，皮姆患癌症病逝。而克伦威尔，虽然内战以来屡建军功，从上尉晋升为上校，1644年1月又晋升中将，但他始终没有掌握国会

军领导权。而充当国会军总司令的几任总司令，从埃塞克斯·格雷，到曼彻斯特，都力图与国王妥协。

1644年11月的一次军事会议上，克伦威尔与曼彻斯特发生激烈争论。曼彻斯特说："要知道，即使我们打败国王九十九次，他和他的后代们仍然是国王，而国王哪怕只要打败我们一次，我们将被处以绞刑，我们的子孙就会沦为奴隶。"克伦威尔回答说："阁下，如果真是这样的话，那么我们当初为什么要起兵呢？也就是说，我们是不是根本就不应该打仗呢？假如这样，不管和平条款是多么屈辱，我们都应该缔结和约。"克伦威尔认识到，失败不光是由于偶然性和谨慎，而是由于整个行动迟缓，这种迟缓是由于不愿意把战争进行到彻底胜利。因而，他认为，必须改变战争的领导，改组军队，解除那些温和的长老派议员高级军官的兵权。1644年12月9日，克伦威尔在国会发言指出，问题不在于这位或那位指挥官的错误，而在于如何在新的基础上进行战争。他说："如果不用另外的方法改组军队，则无法更坚定地进行战争，那么人民将不再忍耐下去，并迫使你们接受可耻的和平。"

1644年12月19日，国会下议院通过"自抑法案"。法案规定，凡议会两院的议员，必须放弃他们同时担任的议会或军队职务中的一项职务，要么当议员，要么当军官，二者不能兼任。这等于解除那些贵族出身的军官的军权，因为对他们来说，不存在辞去议员职务的可能。所以，持保守观点的国会军高级将领埃塞克斯、曼彻斯特、瓦勒等人很快离开军界。1645年1

← 英国街景

月，国会又通过了建立"新模范军"的法案，并任命
既非国会议员又非贵族出身的托马斯·费尔法克斯为
新模范军总司令。按理说，提出军事改组的克伦威尔
也在"自抑法案"的限定之内，因为他也是国会议员
兼国会军将领。但是，神奇的事情就在这时发生了。

→有关克伦威尔的电影海报

首先，英国国会下议院在1644年12月通过的"自抑法案"，直到1645年4月3日才获国会上议院（即贵族院）批准生效。因此，在1645年1—3月，克伦威尔仍可以自由地应召参战，这时期又立战功。上议院在批准自抑法案的同时，加了一个修正案，这个修正案规定，一旦某人被解除军职，如果需要，可以重新任命其掌握军队权力。当时，克伦威尔正受命阻止国王把大炮运出牛津，因为国王想派炮兵去解救被国会军围困在曼彻斯特的王党军队。同时，王党计划引一支爱尔兰军队来英格兰帮助王党，而这支爱尔兰军队要进入英格兰，又必须经过曼彻斯特这个地方。结果克伦威尔干净利落地完成任务，挫败了国王的计划，国会高兴之余，决定将克伦威尔的军职再延长40天。就在这时，费尔法克斯奉命组建的新模范军却缺乏一位合适人选来充当骑兵统帅。从5月到6月初，克伦威尔指挥骑兵，与费尔法克斯配合，取得很大胜利。

于是，费尔法克斯要求国会任命克伦威尔担任空缺多日的中将副司令一职。他在6月8日致国会的信中指出："将军在全体将士中受到尊敬和爱戴。他的品德和才干，他在议会工作中表现出来的辛勤、勇敢和忠诚，再加上他常常得到上帝的恩惠，福星高照，这一切使我们有责任向你们和人民提出请求，任命他担任

这一要职。"更有趣的是，费尔法克斯在没有接到国会的批准之前，就写信给克伦威尔，告诉他，他已被任命为副司令，并要他立即率部与主力会合，以与国王决一雌雄。1645年6月10日，国会批准克伦威尔为中将副司令。这样，在那场军事改组中，克伦威尔奇迹般地逃过了自己参与制定的"自抑法案"的限制，成为唯一一个既是议员又是高级军官的人。

更为重要的是，这一改组解除了温和的长老派军官的兵权，费尔法克斯比克伦威尔还小13岁，非议员又非贵族，新模范军的司令在名义上是他，但实权却操在克伦威尔手中。从此，克伦威尔开始成为英国举足轻重的人物。

1645年6月14日，克伦威尔与费尔法克斯合兵一处，在纳西比战役中全歼王军主力，取得决定性的胜利。从1645年7月至1646年6月，克伦威尔和费尔法克斯用这几个月时间，一个又一个地攻克了王党分子控制的要塞和城镇。1646年7月，王党大本营牛津的守敌向克伦威尔缴械投降。第一次内战以国会军的胜利而结束。国王查理一世早在1645年4月27日夜间剪掉长发，戴上假胡须，带领可怜的几个人逃出牛津。他知道自己大势已去，经过一段时间无目标的游荡之后，最后向苏格兰人投降。

←白金汉宫前的雕像

关键的政治选择

> 人的思想是了不起的，只需专注于某一项事业，那就一定会做出使自己感到吃惊的成绩来。

> ——马克·吐温

内战结束了，但这并不意味着斗争的结束，甚至预示着更为激烈、更为复杂的斗争正在到来。首先，国王被打败了，但他并没有死。他虽然是苏格兰人的阶下囚，无权无势，但对英国社会却起着奇特的制衡作用：在国会中许多人看来，当初打内战的目的并不是要废黜国王，而是要使国王向国会让步，而今国王战败，该是跟他谈判、使其让步的时候了。甚至许多英国的平民百姓也认为，没有国王是不可想象的，处死国王更是难以相信的，因为历史上从未发生过。与此同时，查理一世在1645年向苏格兰投降，而没有向国会军投降，已经说明他另有打算。事实也正如此。在他被囚禁在苏格兰的8个月中，苏格兰人与他进行了艰苦的谈判。苏格兰人试图使国王接受苏格兰的长

老会制度，查理一世试图借苏格兰的力量恢复王权。
结果谈判未成，苏格兰人愤怒之下，在1647年1月将
查理一世交给国会。作为交换条件，英国国会付给苏
格兰人40万英镑，作为他们在内战期间帮助国会作战
的费用。所以，实际上是国会花钱把国王"买"了回
来。国王被押解回英格兰途中，一路上受到款待，如
同凯旋的胜利者。国会长老派议员们更是欢欣鼓舞，
准备与国王谈判。在这种政治氛围之下，克伦威尔十
分为难：难道要与那个可恨的国王妥协吗？难道要开
始另一场战争吗？焦虑彷徨之中，克伦威尔病倒了。
这种生死攸关的政治选择使克伦威尔一度想离开英国，

率军去帮助德国新教事业。但他最后还是坚持留了下来。

内战之后的另一件大事甚至比处理国王更为棘手，那就是军队。国会处于领导地位的长老派认为，军队是打仗的工具，现在，战争结束了，军队也应该解散。只是由于苏格兰军队还驻扎在英格兰，爱尔兰又爆发了起义，国会才没有在1646年停止战争后立即解散军队。这使得与军队息息相关的克伦威尔多少得到一些安慰。但是，随之而来的问题又使克伦威尔大伤脑筋。军队虽然保存下来了，但士兵的工资却无法解决。到1647年3月，步兵工资拖欠了18个星期，而骑兵则拖欠了43个星期之久。内战结束以后，经济残破，满目疮痍，百废待兴，那一年又发生旱灾，农业歉收，因此社会上物价飞涨，失业人数猛增，广大人民群众的处境非常悲惨。在这种形势下，国会为支付拖欠的军饷，又加重向居民征收消费税。身无分文的群众哪还有能力供养那支庞大的军队？国会筹集不到钱款，军费拖欠只好继续下来。

然而，对于国会军的官兵来说，且不说当兵打仗应当给予报酬，就是自己在内战之中为国会的事业出生入死，也应该得到较好的待遇，

况且官兵们的要求并不高，只是要应得的工资。而国会对此却无计可施，对官兵漠不关心。军队终于愤怒了，以约翰·李尔本为首的下层官兵提出了民主和平等思想和要求。早在1646年7月，李尔本等3人就起草了一份《千万公民的抗议书》，提出在法律面前人人

平等，国家主权应该属于人民的主张，并要求取消国王和贵族院。这样，在英国政坛上，实际上又兴起一个新的政治派别，人称"平等派"。

平等派的出现使克伦威尔十分惊骇，他不知所措。不但克伦威尔的新模范军中绝大多数士兵都是平等派的忠实拥护者，而且许多城市平民、手工业者、甚至农民也成为平等派的信徒。1647年3—5月，平等派曾5次到议会去请愿，提出他们的要求。李尔本还写文章对长老派进行猛烈抨击。军队中的平等派士兵读到一些宣传品之后，已经不再仅限于补发的拖欠工资问题，而是讨论起国家大事和政治问题了。他们感到，克伦威尔等高级军官已不再能代表他们的利益，因而产生了建立自己的团体或组织的要求。1647年4—5月，在骑兵团中首先出现了由士兵选举产生的"鼓动员"，作为士兵代表向国会提出他们的要求，各队伍的"鼓动员"又联合成立"士兵鼓动员委员会"。这种委员会实质上是平等派的组织机构。这是在国王被打败之后，国会内长老派与独立派之外的第三个派别。

现在，摆在克伦威尔面前的又是一个艰难的选择。作为独立派领导人，克伦威尔既不愿意向长老派屈服，使内战成果付之东流，又不赞成平等派的主张。可是，克伦威尔又没有能力左右开弓，把长老派和平等派统

统镇压；与此同时，他也无力使他们都满意。结果，克伦威尔在言行上总是模棱两可，令人捉摸不定。当国会问到军队平等派的情况时，克伦威尔假装对一切毫无所知；而当国会派他到军队去安抚不满后，他回到国会就抱怨军队太放纵。这一切似乎是说，军队平等派与我克伦威尔无关，国会对平等派的敌视也并不是我的主张。但是，总体来看，克伦威尔的态度还是倾向士兵们。这正是后来他登上英国第一号人物座位的原因之一。

就在克伦威尔左右为难的时候，有两个因

素促使他终于站到了士兵们一边。这是一个十分关键的政治选择。可以说，没有这个选择，就不会有克伦威尔的再度辉煌。这两个因素，一个是1647年3月国会通过决议：40000军队只留下6400名骑兵和10000名步兵，其余全部解散，费尔法克斯任军队总司令。同时，除费尔法克斯外，军队中不再留用拥有将军官衔的军官。这一决议意味着，长老派要把克伦威尔赶出军队。另一个因素是，下层官兵把国王查理一世抢到自己手中。1647年6月3日，一名下级军官——骑兵掌旗官齐埃斯——率500名士兵到囚禁国王的赫姆比城

堡，把国王劫持并押到军队大本营所在地纽马克特。
这便切断了长老派与国王的联系，排除了国会与国王
妥协的可能。人们普遍认为，克伦威尔肯定知道军队
的这一行动并支持这一做法。著名的王党分子克拉伦
顿就认为，克伦威尔表面上假装对军队的行为很反感，
但实际上却在里边煽风点火，制造麻烦。

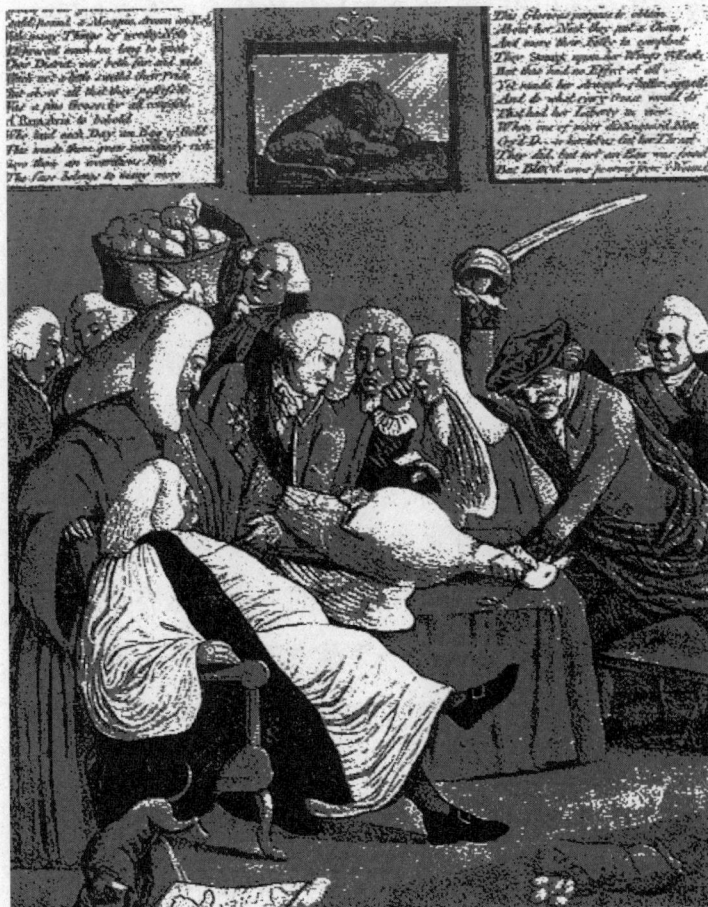

不论如何，克伦威尔是站到了军队一边。非但如此，他还要像在战场上那样，牢牢控制这支军队，使之为自己的目标服务。在纽马克特大本营，他和费尔法克斯一起组建了一个"军队委员会"，成员包括所有的高级军官和每团两个军官代表、两个士兵代表，作为讨论全军重大问题的机构。当然，这只是一个进行政治活动的组织，军事指挥权仍控制在克伦威尔手中。在6月5日召开的军队委员会会议上，通过了"军队的庄严协议"，宣称军队的要求如果得不到保证，军队将永不解散。6月14日，军队委员会又通过一个致国会的"军队声明"，表示军队并不是为任何专制权力服务的工具，而是为了保卫人民的正当权利和自由。声明还表示反对一切专横、暴行和压迫，并要求解散现存议会。与此同时，军队下层官兵要求把军队开进首都伦敦，并已开始缓慢地向伦敦推进。

克伦威尔对于军队是否应该在这个时候开进伦敦，是有自己的看法的。7月16日的一次军队委员会会议上，克伦威尔还在说服平等派"鼓动员"不要感情用事，没有任何理由把军队开进首都，否则会引出麻烦。但是，在这关键时刻，7月26—27日，伦敦长老会派分子却举行示威游行，支持国王，并涌入国会，强迫议长同意通过一项决议，请查理一世回伦敦执政。这

种行为激怒了军队的士兵，更给克伦威尔发兵伦敦制造了理由。1647年8月6日，克伦威尔率军队开进伦敦，清洗了国会中11名长老派首要分子。至此，自革命开始以来长老派控制国会的局面结束了。独立派和平等派暂时联合在一起的军队控制着首都、国王和全国局势。

然而，下一步棋该怎么走呢？英国应该建成一个什么样的国家？独立派和平等派的想法是不一样的。早在向伦敦进发的过程中，克伦威尔和他的女婿艾尔顿将军就一直在探讨这些问题，并由艾尔顿起草发表了一个《军队提案纲要》。在这个文件中，独立派明确提出要保留君主制和国会上院，实行有财产资格限制的选举制度；而平等派下层官兵则要求建立一个没有国王、没有上院的共和制度。进入伦敦之后，克伦威

→英国白金汉宫

尔等高级军官就开始与国王查理一世谈判,而国王却根本不相信这些军官会替他着想,所以谈判不但毫无成果,反而引起相互间更大的猜疑和不安。更为严重的是,平等派对克伦威尔等高级军官与国王谈判深为不满。10月下旬,平等派印发了一份宣言,名为《人民公约》,此书销量达20000册。公约要求立刻解散现在的议会,然后进行选举;人民应享有信仰自由,任何权力不得干涉;所有的人都应服从统一的法律等等。两派的政治分歧是明显而尖锐的。

为了解决双方的分歧,1647年10月28日至11月8日,军队委员会在伦敦城外的普特尼教堂召开会议,克伦威尔为首的独立派高级军官与平等派下层官兵代表,围绕未来国家制度等重大问题进行了激烈的争论,历史上称之为"普特尼辩论"。结果双方互不相让,克伦威尔不得不宣布休会。为检验一下军队是否还听自己的命令,克伦威尔在11月15日举行一次军事检阅,平等派中有两个团未服从命令而擅自行动。克伦威尔马上逮捕了为首者,并当场审判,处以3人死刑。众多的闹事者中由哪3人承受死刑呢?克伦威尔让这些人自己掷骰子决定,谁输了就枪毙谁。平等派暂时被镇压下去了。

就在独立派与平等派相互较量的同时,英国各地

→英国白金汉宫

的王党势力暗中不断活动，1647年11月11日夜里，曾许诺"永不逃跑"的查理一世偷偷逃出关押他的汉普顿宫，来到怀特岛，并开始与苏格兰人取得联系。1647年12月26日，他与苏格兰人缔结条约，苏格兰答应出兵帮助查理一世恢复权力。而国王则答应在英国全国推行苏格兰人信奉的长老派宗教。国会得到这个消息后，马上在1648年1月3日投票决定与国王断绝一切关系。但是，曾经出现过的问题再一次摆在克伦威尔等人面前：没有国王，国家由谁来统治呢？是一个共和国好，还是由克伦威尔一个人说了算好？没有人能拿定这个主意，克伦威尔也无计可施，只能等待。看来，在政治斗争中，有时等待是最佳选择。

机会终于来了。1648年春天，王党分子开始在南威尔士、肯特和艾塞克斯等地发动叛乱，5月1日，克伦威尔得知一位国会军将军在彭布罗克郡被王党分子杀害后，立即率兵出征。第二次内战就这样开始了。战争的共同目标使独立派和平等派暂弃前嫌，重新携手对敌。这是克伦威尔取得第二次内战胜利的关键。8月中旬，由汉密尔顿公爵率领的苏格兰军队攻入英格兰，许多地方的王党分子参加叛乱，一时间全国一片混乱。在混乱中，克伦威尔并没昏头，他知道自己该怎么做。在王党叛乱四起的情况下，关键是首先镇压危害大、危险大的叛乱者。克伦威尔正是这样做的。他首先在7月平定了南威尔士的叛乱，然后在8月集中兵力挥师北上，去迎接苏格兰军队的挑战。尽管当时苏格兰军有24000人，而克伦威尔只有9000人，但在8月17日的普列斯顿战役中，克伦威尔却以少胜多，消灭了苏格兰军队主力。第二次内战到这时实际上已经结束了，但克伦威尔要把事情干得更利索一些。他让士兵休息几天之后，直捣苏格兰首都爱丁堡，使苏格

兰人俯首相迎，然后又挥师南下，一个一个地收拾那些叛乱者。克伦威尔的军事才能再次征服了人们的心。

第二次内战结束后，人们的兴奋点重新转移到国家政治制度上，特别是如何处置国王查理一世的问题上。广大下层官兵和人民群众对查理一世两次挑起内战，给国家带来沉重灾难深恶痛绝，纷纷要求审判国王，改组国会，而国会中的长老派议员们仍对国王让步抱有幻想。自从1647年11月逃到怀特岛并煽动起全国王党叛乱后，查理一世实际上根本没有参加什么战斗。内战枪声停止后，查理一世自认为革命者拿他没有办法，竟然要求重返伦敦。1648年11月15日，国会通过决议，同意国王回首都。然后，人们对国王回首都后的结局和下场有着完全不同的看法。查理一世可能还在做重登王位的美梦；国会长老派可能还幻想君主立宪的美好制度；平等派则立志要审判国王，砍下暴君的头。克伦威尔呢？在几次政治选择中都英明正确，勇渡难关，而今他会做什么选择呢？毫无疑问，克伦威尔的选择将决定查理一世的命运、平等派的命运、他自己的命运、甚至整个不列颠民族的命运。因为他已经成为英国的一号人物。

没有共和的共和国

> 一切成败得失都在我们自己，然而我
> 们往往说是无意。
>
> ——莎士比亚

1648年12月2日，军队第二次进入伦敦。在这一过程中，他们还做了两件事：一是派人去怀特岛，把查理一世押解赫斯特城堡并控制起来，以防国会有人与国王往来；二是向国会递交了一份艾尔顿起草的《军队抗议书》。抗议书要求对"动乱的主要罪魁祸首国王……应立即以叛国、血腥屠杀以及其他罪名进行审判"。但是，国会对军队的抗议书不屑一顾，许多议员仍坚持继续与国王谈判解决问题，并在12月5日以129票对83票通过了同国王谈判的决议。足见国会保守势力的强大。但是，军队是不会屈服的。1648年12月6日，一个酿酒厂运货马车夫出身的上校普莱德率军队来到国会，封锁了议院各个出入口。普莱德上校手里拿着一份名单，上面列着一些人的名字，他宣布，此名单上的议员不准再进入国会。同时，他还宣布逮

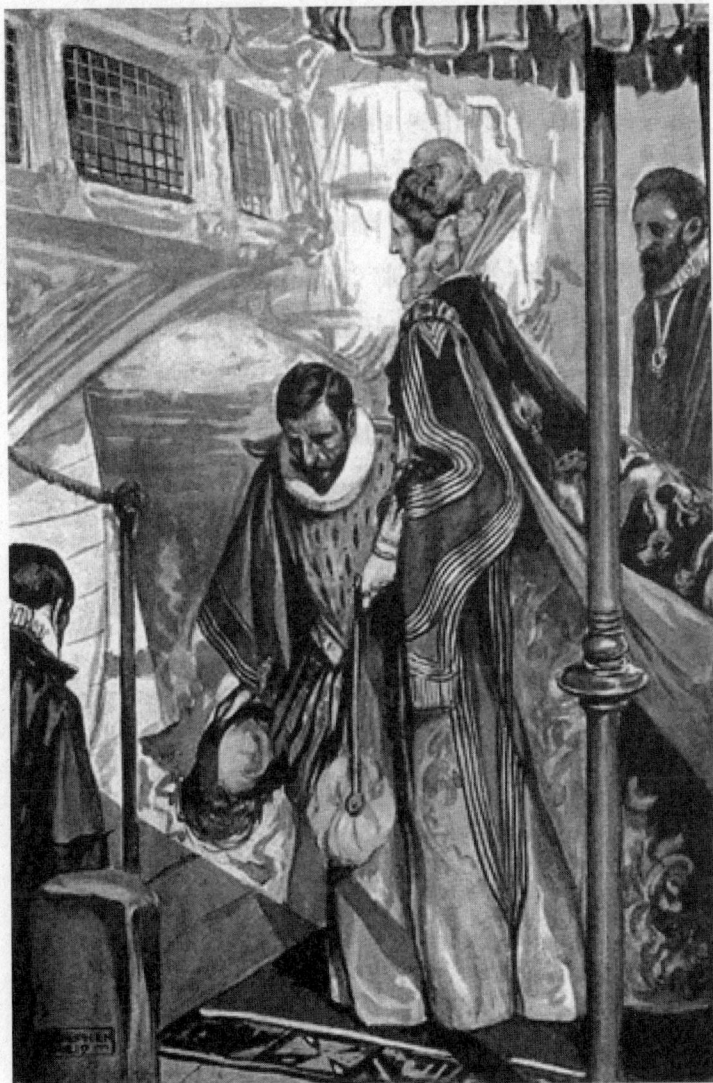

捕了一些议员。这就是历史上有名的"普莱德清洗"。
经过这次清洗，长期国会中有110名议员被逮捕或赶
出国会，另有大约200名议员自愿退出国会。结果国

会只剩下约200名议员，历史上把这个残缺不全的国会称为"残余国会"。"事情发生前，克伦威尔还没有进入伦敦。事情发生后克伦威尔抵达伦敦，他说他并不知道这个计划，但是，既然已经执行，他很乐意支持。

经过清洗后的国会已经不再有长老派阻碍军队独立派和平等派行事了。1649年1月1日，国会通过了把查理一世作为背叛国家、内战祸首、破坏法律和英国人民自由的罪犯进行审判的决议，并在1月6日通过了成立审判国王的最高法庭的决议。这个法庭由135人组成，当然包括克伦威尔。克伦威尔对处死国王的意见如何，人们的说法不一。有人说他态度十分坚决，他竭力阐明处死查理的意义，从而使那些动摇分子坚定下来；还有人说他态度暧昧，是其女婿艾尔顿花了3个星期说服之后，他才下定决心。但无论如何，克伦威尔成为英国历史上第一次处死国王的首要人物。

在英国历史上，处以死刑有两种方式，一般罪犯是处以绞刑，而罪大恶极者则处以砍头。在行刑之前，先准备好一个土台，上边放一个木墩，罪犯跪在土台上，把头放在木墩之上，刀斧手用利斧砍下犯人的头，然后招示群众。

经过审判之后，查理一世的刑期定在1649年1月

30日。这天上午，大雪纷飞，查理一世穿着暖和的衣裤，被押往行刑的白厅门前的一个宴会厅中。下午1点，查理一世得到通知，说他的行刑时间到了。一位牧师在行刑前来为查理一世祈祷，让他稳定情绪。查理一世没有表现出惊慌失措，他穿着整齐，梳洗干净，在穿衣镜前最后一次看了看自己的面容，然后随士兵走上刑场。克伦威尔显示了大将风范，在行刑前允许查理一世向围观的群众讲几句话。查理一世说，他作为一个虔诚的基督教徒迎接死神，他饶恕世界上所有的人，尤其是那些将他置于死地的人，他希望这些人能够悔过自新，也希望他们通过正确的道路实现国内和平，只依靠强权是行不通的，他认为臣民和君主的地位根本不同，民众的幸福并不在于参与统治国家，假如他也实行粗暴的统治，用武力改变一切法律，他今天就不会落到如此悲惨的下场，他说自己是人民的

牺牲品。显然，查理一世临死都没有认识到自己的罪恶。这是由他的政治立场和阶级本性所决定的。行刑时间到了，一声令下，刀斧手手起斧落，查理一世人头落地。这在当时是一次伟大的创举。以前，也有国王被杀，但情况却与现在完全不同，他们要么是被杀死在疆场，要么是在某个城堡中被秘密处死。国王被他的臣民公开处死，这在英国乃至欧洲历史上，还都是第一次。

1649年2—3月，国会正式通过了废除国王和上议院（贵族院）的决议，并颁布了相应的法律。5月19日，国会又通过了一个正式文件，宣布英国为共和国。文件说："英国的人民和所有隶属于它的领土和地区上的人民，都是并将由此构成、缔造、建立和团结成为一个共和国和自由邦，都将由这个民族的最高权力，即国会中的人民代表和他们所任命的为人民谋福利的

官员所统治，而不需要任何国王和贵族院。"同时，根据国会2月的一个决议，成立了一个由41人组成的国务会议，其成员大部分是独立派领导人，克伦威尔事实上成为英吉利共和国的最高首脑，因为他是国务会议第一位临时主席。

然而，人们并没有看到这个共和国实行共和的政策。经过多年战争，国家经济遭到严重破坏，人民生活极为困苦，克伦威尔政权却没有及时解决这些问题。而他的兴奋中心，却集中在如何对付平等派问题上。

在击败国会长老派和处死国王之后，独立派与平等派的矛盾重新激化。这是不可避免的。克伦威尔代

表的是有产者的利益。特别是他掌握国家大权之后，所考虑的第一件事已经不再像几十年前他为沼泽地人民鸣不平那样的事情，而是如何巩固自己的统治。当时，在内战中成长起来的平等派已经不仅仅是下层官兵的组织，而是以下层官兵为核心，包括广大贫苦百姓在内的政治上已经觉醒的政治势力。他们对共和国领导的政策未能改变他们的政治和经济地位不满，因而展开了争取政治和经济权利的斗争。

1649年2月底，平等派领导人约翰·李尔本，这位内战当中曾与克伦威尔并肩作战的民主主义者，发表了名为《揭露英国的新枷锁》的小册子，对共和国的领导人进行猛烈的抨击，要求限制国会的权力，保

证人民享有最高主权，实行言论、出版自由，同时提出了一些具体的经济要求，如取消什一税、消费税、取消垄断专利公司等，以改善人民的物质生活。3月底，李尔本又发表了《揭露英国的新枷锁》的第二部分，进一步揭露那些高级军官和国会议员争权夺利的自私行为。共和国领导人感到，李尔本的言行威胁到他们的统治，立即对李尔本加以迫害，将他和一些共同写书的同伴逮捕，投入监狱之中。李尔本毫不屈服。4月14日，他在监狱中发表宣言，为平等派的事业进行辩护。5月1日，他与战友共同起草了第三个文本的《人民公约》，要求解散现存国会，以后国会每年改选一次，停止征收消费税和什一税，改为征收所得税。

可以看出，李尔本是站在下层人民的立场上说话，他的要求已经远远超出了资产阶级革命所能达到的限度。

平等派的核心是军队中的下层官兵，而军队又是克伦威尔手中的利剑，双方都把军队视为要害。因而，克伦威尔独立派与平等派的斗争主要围绕军队而展开。由于平等派的那些士兵"鼓动员"在军队中频繁活动，发泄和鼓动士兵们对共和政府的不满，克伦威尔决定先把这些军队调出首都，以免他们在首都发动骚乱。所以，他就以爱尔兰发生天主教徒叛乱为借口，把一部分军队调到爱尔兰，另外一些军队则被调往其他地区。这一命令终于引发了平等派起义，一场并非内战的内战，使刚刚建立的共和国失去了共和的灵光。

由于广大士兵们不断接受平等派士兵鼓动员的宣传，他们从一开始就识破了克伦威尔调走他们的意图，所以表示不服从调遣。4月中旬，还有些士兵发生骚动。4月23日，军队总司令下令把一个反抗情绪最为强烈的骑兵团调出伦敦，但该团拒不执行这个命令。第二天，总司令费尔法克斯再次下达命令，并威胁说，如果不服从命令，将受到严惩。但该团仍不为所动。于是，费尔法克斯和克伦威尔下令将为首的15名士兵逮捕，送到军事法庭进行审判，判处其中6人死刑。后来，克伦威尔害怕此举引起军队的更大骚动，又将

其中5人赦免，仅将一名士兵洛克叶枪决。

对共和政府的不满不仅在首都的平等派士兵中，而且在全国其他许多城市的士兵和广大下层群众中普遍存在，反政府的事件也接二连三地出现。李尔本等人被逮捕入狱之后，特别是他们在5月1日发表新文本的《人民公约》之后，伦敦市民成群结队地前往国会议会厅并将之包围，要求释放李尔本等人。同时，伦敦市民还不断向国会递交请愿书，对政府不但不关心人民疾苦，反而迫害人民的行为表示愤慨。在士兵洛克叶被枪毙之后，牛津、怀特郡、白金汉郡等地的军队都发生拒绝执行上级军官命令的事件，而且有些地方还发生士兵起义的事件。这些零散的起义最后发展成平等派的有组织的起义。

1649年5月上旬，各准备起义的团队之间建立了

→ 英国白金汉宫

联系，准备一齐向牛津郡的班伯里集中。会合起来的部队由平等派士兵威廉·汤普逊统一指挥。遗憾的是这一会合计划因组织不善而未能实现。就在这一过程中，克伦威尔和费尔法克斯已经决意镇压平等派。克伦威尔说："我提醒你们注意，对付这些人别无选择，只有消灭他们。否则，他们将会消灭你们……你们花费多年劳动，历尽艰辛所取得的一切，都将付之东流，你们在全世界有理智的人的心目中，都会成为软弱、胆怯之辈，就活该被那些卑鄙、下贱的家伙消灭和摧毁……我再一次提醒你们，必须把他们消灭。"

5月11日，克伦威尔开始着手镇压平等派。他率领两个团的骑兵先行出发，其行军速度之快，在他的一生中从未曾有过。5月13日这一天是星期日，克伦威尔的队伍没有休息，日夜兼程，在行军45英里之后，于当天晚上在布尔福特追上了最坚决的起义军队。黑暗之中，双方发生混战。克伦威尔的快速到来使起义者仓促迎战，但很快就溃败下来，有数人被杀，400多人被俘，只有汤普逊和少数几个人逃脱。起义者毕竟不敌克伦威尔这个战场上的老手。从星期日晚上到星期四，被俘的起义者一直被关押在布尔福特教堂，然后被带到刑场去观看行刑队枪毙3名起义领导者。有一位被判处死刑的头目在最后关头获得释放，原因

是他在被关押在布尔福特教堂期间，书写了一些攻击起义者的类似忏悔书。逃脱的汤普逊东躲西藏，最后被围困在惠林巴洛附近的一片树林里。他曾两次试图冲出包围圈，但都未能成功，被迫退回林中。当他最后一次试图突围时被当场打死。就在汤普逊被打死的当天，克伦威尔和费尔法克斯来到牛津城，受到了凯旋般的迎接，曾经是王党势力最强的大学——牛津大学——向他们授予了"法学博士"的称号。这真是天大的讽刺，或许那些王党分子正躲在阴暗的角落里为克伦威尔与平等派的相互残杀而干杯。5月25日，克伦威尔又以凯旋的姿态回到伦敦，再次受到富豪和上层社会人士的热烈欢迎。国会还专门通过一个决议，决定在6月7日举行一次感恩祈祷和庆功宴会。这一天，伦敦的富豪们开怀畅饮，纵情欢乐。有些人还特地来到克伦威尔和费尔法克斯的家中，向他们赠送黄金制成的贵重器皿。这些人多为过去的长老派，他们原来曾是克伦威尔独立派的敌人，而现在为镇压平等派而重新言归于好。政治斗争的复杂性就是这样。作为英国革命中的一个代表下层人民利益的政治派别，平等派就这样在胜利者的欢歌笑语声中退下了英国政治舞台，但他们那闪光的思想在200年后的英国宪章运动中再放异彩。

　　平等派的失败，也从另一个角度说明着历史进程的阶段性，革命的成功，须建立在革命基础的成熟和牢固之上。

　　克伦威尔的共和国没有共和，还表现在这个政府对贫苦百姓的态度上。在平等派运动的同时，英国农村还出现了比平等派更为激进的运动，历史上称之为"掘地派运动"。一些农民主张消灭土地不平均现象，要求劳动人民耕种公有土地，不缴纳任何捐税，他们到处占领荒地或公地，加以垦殖，因此被称为"掘地派"。掘地派的主要代表人物是杰拉尔德·温斯坦莱，原是伦敦的一个小商人，破产后在农村当雇农。他写有一本名为《自由法典》的小册子，认为私有

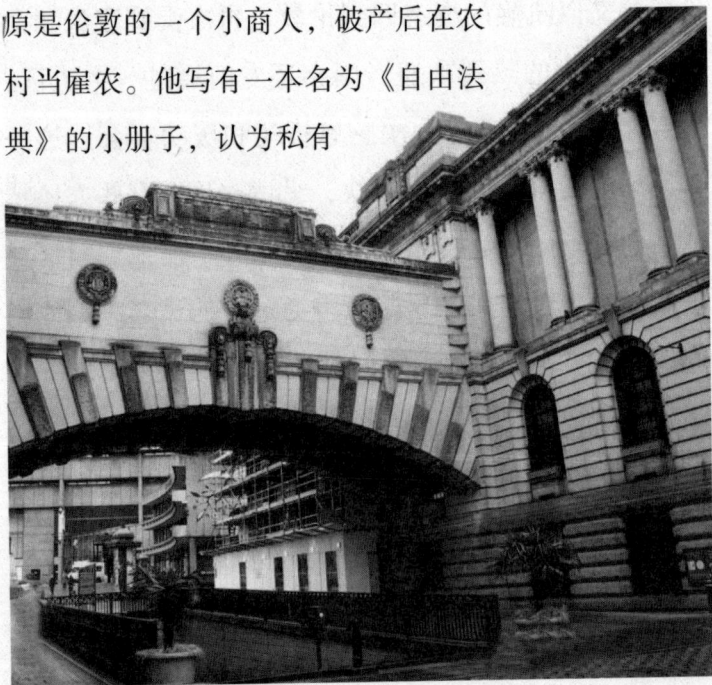

财产是不平等的根源。他主张把本来就属于人民的土地归还给人民，大家应该在公有的土地上共同劳动，共同享受。1649年4月，以温斯坦莱为首的几十名农民在伦敦附近萨里郡的圣·乔治山上，占领了那里的公有地和荒地，开始集体开垦和耕种。他们还号召其他农民也这样做。当然，很快有人效仿。共和国政府很快派去军队，轻而易举地将他们赶走了。掘地派运动不仅仅是开荒种地，它代表了当时英国社会最底层的农民们的愿望，他们渴望得到一块维持生活的土地，但共和国却不能相容。

→英国骑兵

不列颠王国的缔造者

生命的多少用时间计算，生命的价值用贡献计算。

——罗丹

克伦威尔对英国的最大贡献，或者说他的人生的最大价值，莫过于他亲手缔造了不列颠王国。

我们知道，现代英国的全称是"大不列颠及北爱尔兰联合王国"，它包括英格兰、苏格兰和爱尔兰北部。可是，在克伦威尔之前，英国版图和政治形势并不是这样。

让我们从爱尔兰和苏格兰的历史说起。

爱尔兰位于不列颠群岛的西部，是12世纪兴起的封建国家。爱尔兰国家虽然有自己的国王，但地方部族势力十分强大，中央权力衰微。内部纷争的国家最容易招致外敌入侵。因此，早在英格兰干涉爱尔兰以前，来自斯堪的纳维亚半岛的北欧人曾把爱尔兰洗劫一空。但爱尔兰人顽强地生存下来。英格兰人窥视爱尔兰已经很久。1155年，英格兰出身的教皇艾德里安

四世曾发表训令,把爱尔兰统治权授予英格兰国王。但是,直到1169年,第一批撒克逊——诺曼底人,即英格兰人,才正式侵入爱尔兰。从此,爱尔兰事实上成为英格兰的殖民地。但是,英格兰人仅仅控制一部分爱尔兰地区,爱尔兰也没有成为英国的一部分。从13世纪到16世纪,爱尔兰几次被迫接受英格兰王权,爱尔兰人蒙受了沉重的苦难,但爱尔兰还是爱尔兰。16世纪英国亨利八世宗教改革以后,英国成为新教国家,而爱尔兰仍然是天主教国家,两国间旧有的民族矛盾又增添了宗教信仰的致命分歧,使爱尔兰人蒙受了更大的苦难。1640年英国资产阶级革命爆发之后,爱尔兰马上也发生人民起义,英格兰只是忙于内战,而腾不出手去爱尔兰镇压起义。

在中世纪，苏格兰和英格兰是两个独立的封建国家。尽管英格兰几代国王都梦想以武力合并苏格兰，残酷的战争几经发生，但苏格兰仍是一个独立的王国，对于苏格兰人来说，一个优秀苏格兰人的标志，就是仇视英格兰。心怀不满的苏格兰贵族在重压之下可能接受英格兰的金钱和帮助，但平民百姓却不向任何形式的英国统治低头。1406年，英格兰曾俘获苏格兰国王并关押了18年，苏格兰王位竟然空缺了18年，而这个国家继续正常存在和发展。到了都铎王朝统治英格兰时期，苏格兰王室与英格兰王室之间已有些亲戚关系。这是因为，在那个时代的欧洲，各国王室之间联姻非常普遍。而这种亲戚关系对于同属一岛之上的两个王国来说，已经存在合为一国的血缘联系。1603年，英国都铎王朝女王伊丽莎白逝世，按其遗嘱和继位原则，苏格兰斯图亚特家族的国王詹姆斯六世前往英格兰，继承英国王位，称詹姆斯一世，从此，斯图亚特王朝开始统治英国。詹姆斯虽身兼英吉利和苏格兰两国的国王，但两国仍未合并。两国间最重要的差别是宗教信仰。自宗教改革运动以来，加尔文教长老派教会在苏格兰取得统治地位。按当时的观点，长老派属清教徒，而英格兰是纯粹的英国国教。本来，苏格兰人在詹姆斯国王去英格兰登基之后，满以为他会把长

老会教推行到英格兰，然而结果却恰恰相反，不但詹姆斯改奉英国国教，1625年詹姆斯死后，他的儿子查理一世继位之后，竟要把英国国教推行到苏格兰。这正是本书上文提到的苏格兰人1639年起义的直接导因，而那次起义又成为1640年英国资产阶级革命的导火线，1640年英国资产阶级革命又造就了本书主人公克伦威尔。

克伦威尔平定了英格兰平等派起义和掘地派运动之后，首先开始准备远征爱尔兰。对英格兰清教徒们来说，爱尔兰简直就是清教徒的地牢，因为早在1641年夏天就有传言说，爱尔兰天主教徒发动了起义，成千上万的爱尔兰清教徒被杀，包括妇女和儿童，他们

→英国白金汉宫

　　有的被炮烙至死，有的被沉入海底溺死，有的被剥光
衣服在烈日下晒死。这些传闻给克伦威尔的远征披上
了强有力的外衣。对克伦威尔来说，这次远征的意义
非同小可。作为英国的统治者来说，没有爱尔兰的英
国就不是一个理想的国家。

　　在克伦威尔到达爱尔兰之前，爱尔兰并不是完全
控制在爱尔兰人手中，尽管几年来那里一直在起义，
有些英格兰保王党人也逃到爱尔兰，但国会军在爱尔
兰还占有一定地盘，特别是就在远征开始前不久，国
会军的琼斯上校在爱尔兰不但力保首都都柏林不失，
而且发动一次反击，袭击了爱尔兰军队主帅奥蒙德的
驻地拉思米尼斯，致使这位将军无力组织大军与克伦
威尔对抗，不得不退往北方。这对克伦威尔来说，无

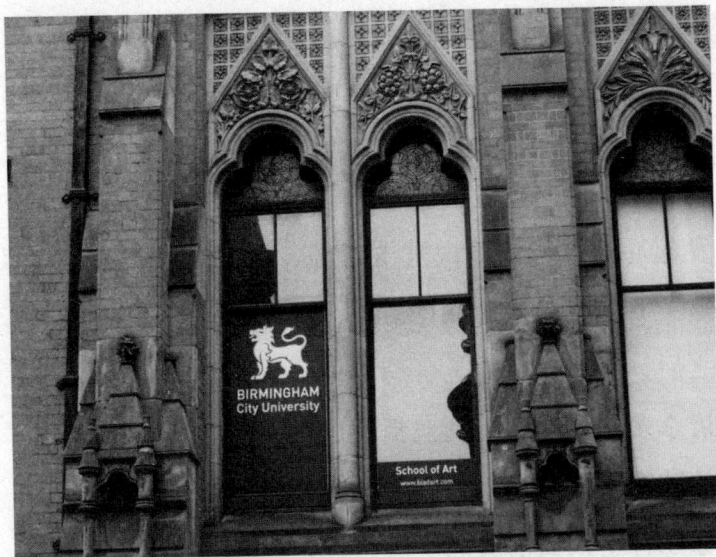

疑是个喜讯，他顺利到达都柏林并发表了讲话。8月
30日，克伦威尔挥师北上，寻找叛军进行决战。他所
遇到的第一个障碍是港口城市德罗盖达，该城距都柏
林30英里，防御工事坚固，有2500名守军，要塞司令
亚瑟·阿斯登爵士是一位职业军人，曾在欧洲大陆打
过仗。这位将军自认为"谁能攻下德罗盖达，谁就能
攻陷地狱"，足见其信心之大。但克伦威尔却认为，攻
占该城易如反掌，他不仅有备而来，而且拥有一支装
备精良的炮兵。克伦威尔无须对德罗盖达进行长期围
困，只要用大炮在城墙轰开一个缺口，然后军队一拥
而入，速战速决。

　　1649年9月9日，一切准备就绪，克伦威尔决定第

二天早晨开始炮击。第二天上午8时，克伦威尔派人给守将阿斯登送去最后通牒，要求他投降，以免不必要的伤亡，但是被拒绝了。于是，炮击开始了。到11日下午5时，城墙被炸开两个缺口。克伦威尔的部队发起冲锋，但第一次被击退了，第二次才攻进城内。这主要是克伦威尔兵力人数占有明显优势。部队入城之后，开始了令人毛骨悚然的大屠杀。德罗盖达的大屠杀多年来一直受到包括英国人在内的许多历史学家的谴责。而对爱尔兰人来说，一提起德罗盖达，就好像在日本人面前提起广岛一样，令人不寒而栗。这种历史的创伤是难以弥合的。

10月10日，克伦威尔又挥师南下，攻击另一个重要城镇威克斯福德。10月11日早晨开始炮击，几小时以后，威克斯福德守军指挥官戴维·辛诺特同意商量投降。但是，就在双方谈判过程中，克伦威尔的部队并没有停止进攻，越攻越猛，疯狂追杀。据克伦威尔自己回忆，在这次战斗中，又有近2000名爱尔兰人被杀。其实，被杀者的数字远不止这些。威克斯福德的大屠杀和德罗盖达大屠杀成为爱尔兰人长久的恐怖的回忆。从这次大屠杀以后，爱尔兰人的反抗转入低潮。11月，克伦威尔围攻沃特福德，由于暴风雨和部队中流行病的发生，克伦威尔不得不撤回冬季大本营。

1650年初，克伦威尔得到援兵和给养补充之后，又发动新的攻势。在前一段战事中，克伦威尔不愿冒险远离自己的供应舰队，因而所占领土都在沿海一带。现在的目标是向爱尔兰腹地挺进，去攻占奥蒙德的大本营克尔克尼。3月底，克尔克尼被攻陷。5月初，占领克隆美尔。就在这时，国会几次急电要求克伦威尔回国。既然爱尔兰问题已基本解决，克伦威尔把全权交给亨利·艾尔顿，5月26日起程回国。

国会催促克伦威尔回首都的原因是，被砍头的国王查理一世的长子已经被苏格兰人立为查理二世国王，准备发兵英格兰。而国内能够统帅大军迎敌的费尔法克斯在这时却厌倦了政治界的争斗和战场的厮杀。苏

格兰人在内战以来的表现真有些令人捉摸不透。最初，他们曾经发兵英格兰，帮助国会军在第一次内战中打败查理一世；后来，他们又在第二次内战中站到了查理一世方面；现在，他们又拥立查理二世。其实，这中间的决定因素还是宗教信仰，苏格兰人把长老会教派看得太重要了，以至于两次分别成为查理父子的政治工具。查理一世被处死时，其长子正在荷兰。苏格兰宣布他为查理二世以后，他马上派人与苏格兰人联系、谈判，答应了苏格兰人的取消主教制、实行长老会制的要求，然后来到苏格兰，准备打回英格兰。

1650年7月22日，克伦威尔亲自率领16000余人的大军，跨过了边界，开始远征苏格兰。当时，苏格兰人坚壁清野，克伦威尔的军队在苏格兰既找不到吃的，也看不到青壮年人，村中只剩一些老幼和妇女。这种情况给克伦威尔带来很大麻烦，使他不敢远离港口马斯尔堡和邓巴尔，因为那是他的军队给养的生命线。与克伦威尔相对峙的苏格兰将领是戴维·莱斯利。在1644年马斯顿草原战役中，莱斯利曾与克伦威尔并肩战斗，表现相当出色。现在，两位昔日战友如今成为对头，二人都是杰出的军事家。鹿死谁手，很难定论，因为双方各有短长。对克伦威尔来说，他率军远道而来，供给困难，地形不熟，这是短处；但是他有

全权，一切都由他一人决断，这对军队在战场上来说，又是一个长处。莱斯利则坚守阵地，以逸待劳，给养充足，这是长处；但是，他仅是苏格兰的一个军官，苏格兰长老会的政治家们组成的一个委员会常常对他指手画脚，使他无能为力，这是他的短处。

在莱斯利与克伦威尔对峙的时候，如果苏格兰军队不出击，克伦威尔是难以取胜的。但是，那些长老会宗教首脑偏偏不听莱斯利将军的意见，非要苏格兰军队出击，去消灭克伦威尔。1650年9月1日，苏格兰军队对克伦威尔所驻守的邓巴尔港口发动攻击。克伦威尔求之不得，他略施小计，利用9月2日夜间的暴风雨，在9月3日发动反攻，很快取得全胜。据克伦威尔估计，苏格兰人有约3000人被杀，10000人被俘，战利品不计其数。邓巴尔战役又一次证明了克伦威尔的才能。此役以后，苏格兰军只好放弃首都爱丁堡，撤到斯特林。9月7日，克伦威尔进入爱丁堡。

但是，占领爱丁堡并不意味着克伦威尔在苏格兰已经取得决定性胜利，因为要走的路还很长。如同在爱尔兰一样，克伦威尔马上要面临的烦人的冬季，恶劣的天气使英格兰军队供给困难，因而难以发动进攻，克伦威尔不得不等到第二年春天。克伦威尔面临的另一个让人吃惊的问题，那就是他在邓巴尔战役的胜利反而给自己添了麻烦。因为这次战败，使许多苏格兰人更加坚定地支持查理二世，这无意中帮了查理二世的忙。查理二世则在1651年1月1日举行加冕典礼，以表明自己地位得到改观。这样，克伦威尔不得不花费许多精力和时间去说服那些苏格兰长老派教徒，希望他们能断绝与查理二世的关系，但无济于事。1651年2月，克伦威尔病倒了，病得不轻，多亏一位爱丁堡妇女以一种奇特方式为他治病。直到6月，克伦威尔才完全康复，率领部队重新回到战场。

然而，苏格兰人知道克伦威尔的战略意图，一连4个星期不出兵与克伦威尔决战，克伦威尔也未能攻破苏格兰人的防线。为了切断苏格兰守军的给养线，7月中旬，克伦威尔作了也许是平生第一次冒险。他派人

→ 英国风光

水陆两栖同时进发，试图夺取至关重要的福艾福。这样做的结果很危险，弄不好会使克伦威尔的部队处于一个狭窄的地域被动挨打。苏格兰中将莱斯利得到消息后，确实想乘机发动一次攻势，但他马上发现，克伦威尔本人率领的部队正偷偷地向他的后方移动，于是他决定不出击，继续固守斯特林。看来，克伦威尔在冒险的同时还留了一手，真不愧为杰出的军事家。此役虽有一定收获，但对整个苏格兰战场来说，意义并不重大。

1651年8月1日，克伦威尔终于得到了盼望已久的好消息：查理二世亲率苏格兰大军从斯科尼出发，向英格兰发起进攻，利用克伦威尔主力远在苏格兰的机会，夺取英格兰。克伦威尔马上进行了有条不紊地军事安排：蒙克将军率6000名士兵继续围攻莱斯利固守的斯特林；兰伯特将军率部尾随并骚扰查理二世领导的苏格兰军队，他自己则率军轻装出发，以与苏格兰军队平行的路线向南推进。8月末，查理二世和苏格兰军队被团团包围在一个名叫伍斯特的地方。9月3日，克伦威尔发动攻击，经过四五个小时混战，有2000多名苏格兰士兵被杀，大部分成为俘虏。查理二世率4000余人狼狈逃窜。他乔装打扮，一路上住过牧师的肮脏小屋，爬上橡树避难，历尽艰辛，终于逃到布赖顿，然后乘船去了法国，从此又开始了流亡生涯。直到9年以后，即1660年，查理二世才重回英格兰。苏格兰人失去了国王，只好承认失败。远征苏格兰的战

←英国乡村风光

斗以伍斯特战役的胜利而宣告结束。1654年，克伦威尔下令将苏格兰合并于英国，取消苏格兰议会，但在英国国会中给苏格兰30个席位。至此，英格兰人牢牢控制着爱尔兰，合并了苏格兰，数百年来梦寐以求的大不列颠帝国在克伦威尔手中基本形成了。

无冕之王护国主

伟大与渺小之间仅一步之遥。

——拿破仑

击败了查理一世，降服了长老派，镇压了平等派，赶走了掘地派，控制了爱尔兰，合并了苏格兰，克伦威尔在英国创下了不朽的业绩，地位不断提高。整个英国就像捏在克伦威尔手中的一团泥，任其玩弄和摆布。

克伦威尔回到伦敦后发现，许多人对残余国会不满，他自己也感到残余国会有些碍事。自从1648年12月"普莱德清洗"以来，长期国会以残余国会的名字一直存在下来。而且在克伦威尔南征北战的几年时间里，在既无国王又无贵族院的情况下，残余国会简直成了英国的实际统治者，连那些议员都觉得，这个国家是他们说了算。残余国会的议员们似乎只记得大抗议书中国家权力归国会的要求，却不记得这种要求的实现是靠克伦威尔用枪杆子打出来的。当然，残余国

会的议员们不是没有考虑克伦威尔的功绩。但是，作为坚定的共和主义者，他们不希望英国大权操在克伦威尔一个人手里。虽然克伦威尔对残余国会的印象越来越不好，他还是不想强行把它解散，而是希望它能自行解散，并允许在更为公正的选举权的基础上进行新的选举。但随着时间的一天天流逝，可以清楚地看到，残余国会永远不会自行解散。当时，曾流行这样一句民谣："你们打算占据国会，直到末日来临吗！"这实际上预示着，厄运就要降临残余国会了。

果然，1653年4月，当残余国会通过一项法案，打算进一步延续自己的存在时，克伦威尔再也忍耐不住了。他走进议会厅，听了一段时间的辩论后，俯身对哈里森少将耳语道："现在是解散国会的时候了，我必须立即行动。"他脱下帽子，站起来开始发言。一开始，他还能心平气和地讲，但不久，他的声音越来越高，怒气冲冲起来。他指责议员们侵犯别人的权益，自私自利，腐败无能，企图永远垄断权力。他骂这个是"淫棍"，那个是"酒鬼"，又指责另一个人"受贿"。接着，他宣布了对国会的判决："或许你们会认为我不应该对国会做这样的发言，我承认你们讲得对，但你们别指望能从我这儿听到国会听惯了的高雅语言。你们不是国会。我告诉你们，你们不是国会！我要取

克伦威尔驱散议会

缔你们的国会。把士兵们叫进来！"他转身对哈里森吩咐道。哈里森离开大厅，随即领进二三十个火枪手。当议员们被拉走时，克伦威尔轻蔑地看着议长席上那象征权威的权杖说："我们该如何处置这个小玩意儿呢？把它拿开。"至此，残余国会，也可以称之为"长期国会"，寿终正寝了。

→英考古学家发现113具疑为克伦威尔士兵的骸骨

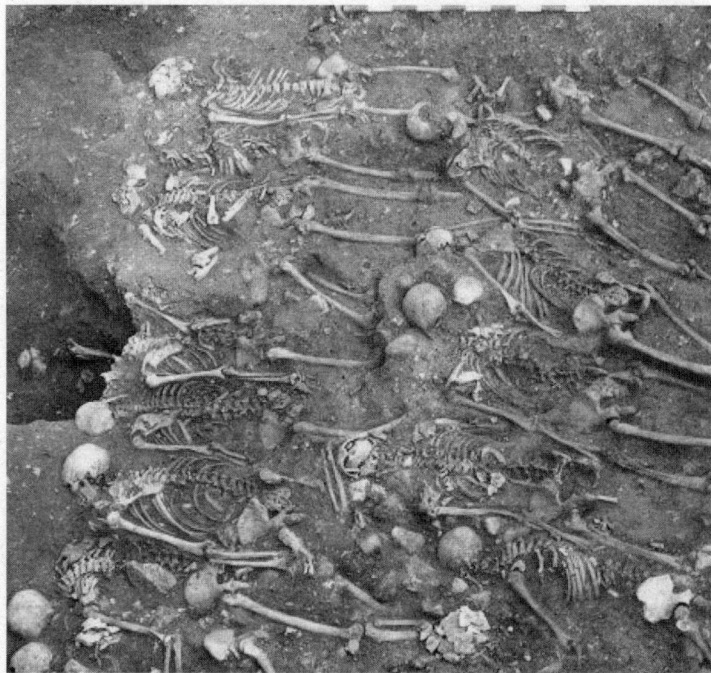

现在，国内唯一的当权者就是作为总司令的克伦威尔了。但是，克伦威尔心里明白，他不能这样名不正、言不顺地当这个家，他打算为自己设计一个最理想的方案，既让别人不能说自己独裁，又能使自己的想法得到顺利实行。于是，1653年7月4日，由克伦威尔指名选定的140名新议员，组成了一个新的国会。这一届国会被称为"贝尔伯恩国会"，因为国会中有一位颇有名气的议员名叫贝尔伯恩。这届国会又被称为"小国会"，因为它由140人组成，而通常英国国会由500多人组成。令克伦威尔失望的是，这些他亲自选定的议员并不是很听他的话，甚至他们之间常常发生意见分歧，一些较为激进者占了上风，对革命后的既得利益集团构成威胁。小国会里的温和派议员们对此心惊胆战，他们对残余国会的下场记忆犹新。与其等着克伦威尔领兵把自己赶出议会厅，莫不如自己走掉更体面。于是，1653年12月12日，他们宣布国会自行解散，但一些激进派议员还是不愿自动离开国会，于是，克伦威尔的士兵们再次来到国会，将他们赶走。负责这次行动的上校问那些议员："你们还留在这里干什么？"他们回答说："我们在寻找上帝。"上校说："那样的话，你们最好到别处去，因为据我所知，在过去的几年中，他从未光临过此地。"

既打着议会民主的招牌，又要一个人说了算，克伦威尔很难做到两全其美。于是，克伦威尔再次借助军队之手实现自己的目的。由高级军官组成的军官会议在12月中旬自拟订了一个名为"施政文件"的宪法草案，这大概是英国第一部，也是最后一部宪法。因为至今英国还是一个没有成文法，而只有不成文法的国家。根据施政文件，英国成立"护国主"制度。12月16日，克伦威尔被宣布为终身护国主。护国主制度实质是克伦威尔军事独裁统治。按照施政文件，除护国主外，还有国务会议和一院制国会，国务会议将限

制护国主的权力，国会与护国主共同行使立法权。表面看，似乎还有民主可言。但事实上，国务会议的委员要由护国主克伦威尔选定。国会的法案要经过护国主的批准才能生效。所以，克伦威尔的权力实际上超于国务会议和国会之上，使其无法发挥限制作用。与此同时，护国主克伦威尔不但有立法权和司法权，而且是军队的总司令，掌握最高军事指挥权。

护国主克伦威尔的权力欲十分大，任何企图限制或威胁其统治的行为都绝不容忍。1654年9月召集护国主制度下的第一届国会，有些议员提出审查"施政文件"的有关规定，以便限制护国主的权力，发挥国会职能。克伦威尔大怒，声称国会无权规定护国主究竟应享有哪些权力，并马上把这届国会解散。1655年3月，保王党人彭鲁多克上校发动叛乱，攻克索尔兹伯里。克伦威尔很快镇压了这次叛乱。随后，他以防止王党叛乱为借口，加强统治，把全国划分为11个军区，每个军区由一个总督领导，民政权和军权都集中在总督手里，而这些当总督的军官则对克伦威尔忠贞不移。于是，整个英国都处在一种军事专制制度下。

护国主制度与君主制已经没有什么差别。不知出于什么心理和目的，1657年5月25日，一些律师和绅士出身的议员向克伦威尔呈上一份《请愿与忠谏书》，

← 奥利弗·克伦威尔

要求恢复君主制和上议院，恢复国王职位，请克伦威尔登基。克伦威尔虽然嘴上说，国王的地位轻如"他帽子上的一根羽毛"，然而对加冕为王的建议并非无动于衷，因为他宣布"赞成这个建议"。但是，恢复君主制的建议立即遭到高级军官们的强烈反对，士兵们更是愤愤不平。对这些职业军人来说，内战以来浴血奋战为的就是推翻君主制，而今却要恢复君主制，早知今日，何必当初。克伦威尔虽然想当国王，但却不敢得罪手下这些高级军官。没有他们，克伦威尔恐怕一

奥利弗·克伦威尔

天也存在不下去。作为一种妥协方案，1657年5月，克伦威尔批准并获得了任命护国主继承人的权力。这实质是确立了护国主世代相传的世袭制度，与君主制完全一样。

1658年1月，克伦威尔解散了他自己认为是历届国会中对他最友好的国会，从此再也没有召开国会。1658年9月3日，护国主因患疟疾不治而亡。两年以后，斯图亚特王朝复辟。克伦威尔的尸体被人从坟墓里掘出，处以绞刑，以示报复。1688年，英国上层阶级请荷兰执政威廉和他的妻子玛丽来英国为王，结束了复辟王朝，这就是英国历史上有名的"光荣革命"。至此，近半个世纪的动荡时代在英国结束了，克伦威尔这个名字，作为英国资产阶级革命时代最响亮的名字，永远载入英国史册。

在了解了克伦威尔不平凡的一生和光辉的业绩和后期的军事独裁之后，人们不禁要问：克伦威尔到底是伟大还是渺小？是功大于过还是过大于功？是应该褒还是应该贬？笔者认为，任何历史评价都不能苛求古人，不能以现代人的眼光、现代人的观念和立场去评价历史人物。如果说，世界历史上的杰出人物是人类文明的丰碑，那么，克伦威尔则是其中的杰出者。